AF532515

Stephen Pincock · Mark Frary

Verschlüsselt

Haupt

Stephen Pincock · Mark Frary

Verschlüsselt

Die Geschichte geheimnisvoller Codes von den Hieroglyphen bis heute

Haupt Verlag

Rechts: Der Diskos von Phaistos, entdeckt auf Kreta. Seine kryptischen Zeichen haben ihn zu einem der berühmtesten Rätsel der Archäologie gemacht.

1. Auflage: 2023

ISBN 978-3-258-08339-1

Aus dem Englischen übersetzt von Sebastian Vogel, DE-Kerpen
Lektorat der deutschsprachigen Ausgabe: Heike Werner, DE-München
Satz der deutschsprachigen Ausgabe: Die Werkstatt Medien-Produktion GmbH, DE-Göttingen
Umschlaggestaltung der deutschsprachigen Ausgabe: Tanja Frey, Haupt Verlag, CH-Bern

Umschlagabbildungen:
Vorne links: Everett Collection/Shutterstock.com; oben rechts: Science Photo Library;
Mitte rechts: marekuliasz/Shutterstock.com
Hinten: Fedor Selivanov/shutterstock.com

Die englischsprachige Originalausgabe erschien 2019 unter dem Titel *The Story of Codes* bei Elwin Street Productions Limited, London, UK. Die erste Ausgabe erschien im Jahr 2007 und wurde auf Deutsch unter dem Titel *Geheime Codes: Die berühmtesten Verschlüsselungstechniken und ihre Geschichte* vom Ehrenwirth Verlag veröffentlicht. Teile davon sind in der hier vorliegenden vollständig überarbeiteten und erweiterten Ausgabe enthalten.

Konzipiert und produziert von: Elwin Street Productions, 10 Elwin Street, London E2 7BU, UK
Printed in China

Um lange Transportwege zu vermeiden, hätten wir dieses Buch gerne in Europa gedruckt. Bei Lizenzausgaben wie diesem Buch entscheidet jedoch der Originalverlag über den Druckort. Der Haupt Verlag kompensiert mit einem freiwilligen Beitrag zum Klimaschutz die durch den Transport verursachten CO_2-Emissionen. Dabei unterstützt der Verlag ein Projekt zur nachhaltigen Forstbewirtschaftung in der Zentralschweiz. Wir verwenden FSC®-zertifiziertes Papier. FSC® sichert die Nutzung der Wälder gemäß sozialen, ökonomischen und ökologischen Kriterien.

Diese Publikation ist in der Deutschen Nationalbibliografie verzeichnet. Mehr Informationen dazu finden Sie unter http://dnb.dnb.de.

Der Haupt Verlag wird vom Bundesamt für Kultur für die Jahre 2021–2024 unterstützt.

Inhalt

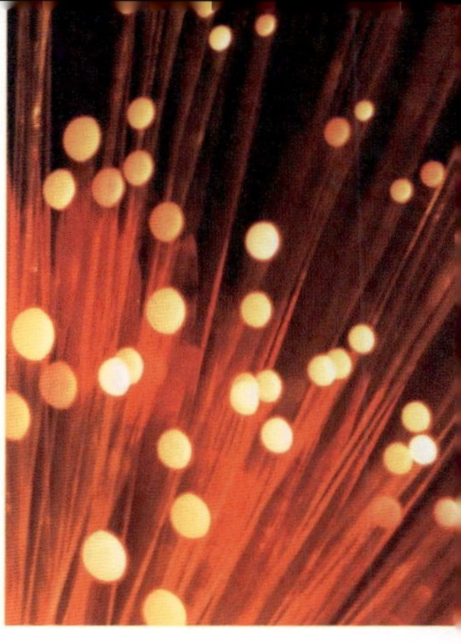

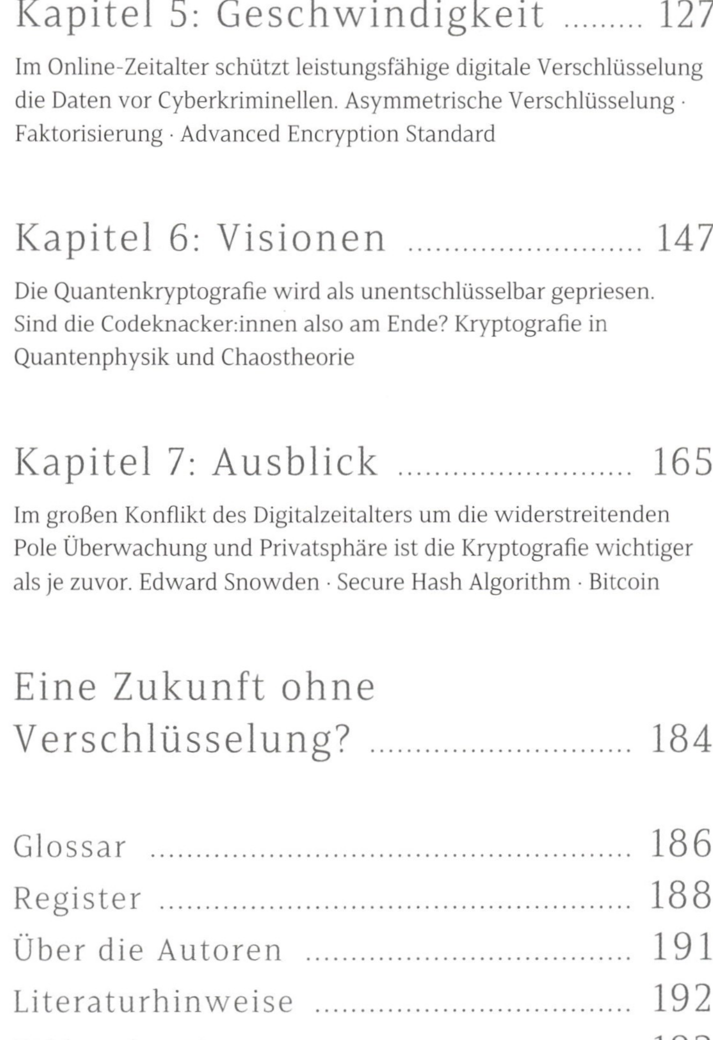

Einleitung

Im 21. Jahrhundert ist digitale Verschlüsselung Teil des Alltags. Jedes Mal, wenn wir mit dem Handy telefonieren, einen Film schauen oder Online-Bankgeschäfte tätigen, bedienen wir uns einer hochentwickelten Form der computergestützten Verschlüsselung und sorgen so dafür, dass die neugierigen Augen und Ohren anderer außen vor bleiben.

Aber die heutige Zeit hat kein Monopol auf die geheime Übermittlung von Informationen. Schon seit mindestens zweitausend Jahren spielen Codes und Chiffren eine wichtige und manchmal entscheidende Rolle in der Politik, im blutigen Drama des Krieges, bei Mordanschlägen und bei der Verbrechensbekämpfung. Durch die geheime Weitergabe von Nachrichten wurden Kriege gewonnen und verloren, Imperien aufgebaut und zerstört, Menschenleben gerettet oder vernichtet. Es steht also viel auf dem Spiel – da ist es kein Wunder, dass eine nie endende Schlacht tobt: auf der einen Seite die Kryptografie, deren Ziel es ist, die Bedeutung einer Nachricht hinter einem Code oder einer Chiffre zu verbergen, und auf der anderen Seite die Kryptoanalyse mit erfinderischen, schlauen Codeknacker:innen, deren erklärtes Ziel es ist, Codes und Chiffren zu entschlüsseln und verborgene Nachrichten offenzulegen.

Jedes Mal, wenn Kryptograf:innen einen neuen Code oder eine Chiffre erfinden, tappen die Kryptoanalytiker:innen zunächst im Dunkeln. Codierte Nachrichten, die bislang leicht zu entschlüsseln waren, bleiben plötzlich undurchschaubar. Dieser Kampf wird wohl nie ein Ende haben. Mit verbissener Hartnäckigkeit oder einem plötzlichen, erhellenden Geistesblitz finden die Kryptoanalytiker:innen irgendwann eine Schwachstelle, arbeiten sich unermüdlich daran ab, bis die geheimen Nachrichten sich wieder offenbaren.

Die bemerkenswerten Menschen, die Kryptoanalyse zu ihrem Beruf gemacht haben, lassen eine Reihe besonderer Charaktereigenschaften erkennen, die bei dieser schwierigen und oftmals gefährlichen Arbeit besonders hilfreich sind. Zunächst einmal legen sie häufig eine verblüffend originelle Denkweise an den Tag. Alan Turing, einer der größten Kryptoanalytiker aller Zeiten, der im Zweiten Weltkrieg zur Kriegswende beitrug, gehörte zu den originellsten Denkern seiner Zeit. Erfolgreiche Kryptoanalytiker:innen zeichnen sich außerdem durch eine besonders hohe Motivation aus. Nichts vermag den Geist eines Menschen so zu fesseln wie ein Geheimnis. Für manche Codeknacker:innen ist bereits die Herausforderung, ein Geheimnis zu lüften, Motivation genug. Häufig kommen aber andere Motive hinzu: Patriotismus, Rachegefühle, Habgier oder auch reiner Wissensdurst.

Um Codes und Chiffren zu entschlüsseln, braucht man mehr als ein nur beiläufiges Interesse. Die frühe Chiffre zu entschlüsseln, die Julius Caesar bevorzugte, scheint uns heute kinderleicht zu sein, aber zu Caesars Zeit erforderte es große Beharrlichkeit, die codierten Nachrichten lesbar zu machen.

Auch Geschwindigkeit ist beim Knacken von Codes ein wesentlicher Faktor. Viele Codes und Chiffren lassen sich brechen – aber nur dann, wenn man genug Zeit hat, um daran zu arbeiten. Ein klassisches Beispiel ist das RSA-Kryptosystem. Es basiert auf der Besonderheit, dass die Multiplikation von zwei Primzahlen nur wenig Zeit in Anspruch nimmt; aber herauszufinden, welche Primzahlen multipliziert wurden und eine bestimmte Zahl ergeben, kann selbst mit einem Computer ewig dauern.

Codeknacker:innen brauchen auch eine Vision, die sie antreibt. Oft arbeiten sie verdeckt, unter amtlicher oder krimineller Geheimhaltung, und da ihre Tätigkeit so heikel ist, arbeiten sie häufig alleine. Ohne eine feste Zielvorstellung im Kopf ist ihre kryptoanalytische Arbeit zum Scheitern verurteilt.

Dieses Buch zeigt, dass sich – allein durch Codes, die geschaffen und entschlüsselt wurden – der Lauf der Geschichte ändern kann. Dass diese unsere Fantasie stark beflügeln, ist eigentlich kein Wunder, und es erklärt sowohl den Erfolg von Romanen, in denen es von Codes nur so wimmelt, als auch die regelmäßigen Auftritte von Codeknacker:innen in Kino- und Fernsehfilmen. Mit der Realität haben solche fiktiven Szenen wenig zu tun, dennoch ist die wahre Geschichte der Kryptologie und insbesondere der Kryptonanalyse häufig spannender als alles, was Krimiautor:innen sich je ausdenken könnten. Auf den folgenden Seiten wird davon die Rede sein, wie außergewöhnlich die Menschen, die zu Codeknacker:innen werden, tatsächlich sind. Wir lernen einige der faszinierendsten historischen Figuren kennen und erfahren, welche grundlegenden Fähigkeiten zum mentalen Rüstzeug echter Codeknacker:innen gehören.

Kapitel 1

Ursprünge

Vom Alten Ägypten über die Codes von Sex und Religion bis zur schottischen Königin Maria Stuart.
Einfache Substitution · Transposition · Häufigkeitsanalyse

Eine menschliche Gesellschaft ohne Geheimnisse kann man sich kaum vorstellen – es wäre eine Gesellschaft ohne Intrigen, Verschwörungen, politischen Verrat, Kriegsführung, kommerziellen Gewinn und ohne Liebesaffären. Deshalb ist es nicht verwunderlich, dass die Geschichte der verborgenen Nachrichten und geheimen Schriften weit in die Vergangenheit reicht, bis hin zu einigen der ältesten Kulturen der Welt.

Die Wurzeln der Kryptografie lassen sich über fast 4000 Jahre bis ins Alte Ägypten zurückverfolgen: Damals nahmen die Schreiber, die historische Berichte in die Steine großer Bauwerke meißelten, nach und nach Veränderungen in Verwendung und Sinn der Hieroglyphen vor. Mit ihren Kunstgriffen und Kniffen verfolgten sie vermutlich nicht das Ziel, die Bedeutung ihrer Worte zu verbergen, sondern wollten möglicherweise nur Vorbeigehende mit ihren Zeichen irritieren und unterhalten, oder vielleicht wollten sie religiöse Texte noch geheimnisvoller und magischer erscheinen lassen. Damit gaben sie einen Vorgeschmack auf die Kunst der Kryptografie, die sich im Laufe der nachfolgenden Jahrtausende entwickelte.

Das Alte Ägypten war nicht die einzige Kultur, die Methoden einer Geheimschrift entwickelte. In Mesopotamien flossen solche Verfahren auch in andere Lebensbereiche ein – dies zeigt sich an einer winzigen Keilschrifttafel, die an der Fundstätte Seleukeia etwa 30 Kilometer vom heutigen Bagdad am Ufer des Tigris entdeckt wurde. Die taschenbuchgroße Tafel, die auf ungefähr 1500 vor unserer Zeitrechnung datiert wurde, trägt

Gegenüber: In den ägyptischen Hieroglyphen erkennt man die Wurzeln der Kryptografie.

eine verschlüsselte Formel zur Herstellung von Keramikglasur. Der Autor oder die Autorin der Anweisungen benutzte Keilschriftzeichen in ihrer am wenigsten gebräuchlichen Silbenform mit ungewöhnlichen Gruppen von Konsonanten und Vokalen, um so das wertvolle Geschäftsgeheimnis zu schützen.

Auch in Babylonien, Assyrien und Griechenland entwickelte man eigene Mittel, um die Bedeutung von Nachrichten zu verschleiern. In der Römerzeit schließlich lebte die erste wichtige historische Gestalt, deren Name auf Dauer mit einer kryptografischen Methode in Verbindung gebracht wurde: Julius Caesar.

Caesars geheime Schriften

Caesar ging als berühmtester Herrscher des antiken Rom in die Geschichte ein. Als Befehlshaber war er bekannt für seinen Wagemut; als Politiker überrumpelte er seine Feinde mit weitsichtiger Intelligenz; und als Mann verband er einen Sinn für auffällige Mode und einen zügellosen Sexualtrieb mit der Bereitschaft eines Glücksspielers, alles zu riskieren. Er war schlau, mutig und rücksichtslos – alles hervorragende Eigenschaften, um auch ein erfolgreicher Codeerfinder zu sein.

In seinen militärischen Erinnerungen *Der Gallische Krieg* beschrieb Caesar, wie er listig die Bedeutung einer kriegswichtigen Nachricht verschleierte, nur für den Fall, dass Feinde sie abfingen. Während des römischen Feldzuges gegen die einheimischen Armeen in Regionen, die wir heute unter den Namen Frankreich, Belgien und Schweiz kennen, wurde Caesars Offizier Cicero belagert und stand kurz vor der Kapitulation. Caesar wollte ihm mitteilen, dass Hilfe unterwegs war, ohne aber dem Feind einen Hinweis darauf zu geben: Der Bote, den er schickte, trug einen Brief bei sich, der auf Lateinisch, aber in griechischen Buchstaben geschrieben war. Der Mann erhielt den Befehl, wenn er nicht in Ciceros Lager gelangen könne, solle er seinen Speer ins Innere der Befestigung werfen, nachdem er den Brief am Schaft befestigt hatte.

„Der Gallier warf den Speer, wie man ihn angewiesen hatte", berichtet Caesar. „Zufällig blieb er fest im Turm stecken und wurde für zwei Tage nicht von unseren Streitkräften gesehen; am dritten Tag entdeckte ihn ein Soldat, holte ihn herunter und lieferte ihn bei Cicero ab. Der studierte ihn und las ihn dann bei einer Parade der Truppen vor, was ihm den größten Jubel von allen einbrachte."

Caesars Form der Geheimschrift war in der Antike bekannt. Nach Angaben des Historikers Sueton, der Caesars Leben mehr als 100 Jahre später schilderte, schrieb dieser immer „in Chiffre", wenn er etwas Vertrauliches mitteilen wollte.

Die Eigenschaften von Chiffren und Codes

Dass Sueton das Wort „Chiffre" verwendete, ist bemerkenswert; heute gebrauchen wir es häufig gleichbedeutend zu „Code", in Wirklichkeit bestehen zwischen beiden aber wichtige Unterschiede.

Im Wesentlichen gilt folgende Unterscheidung: Eine Chiffre ist ein System, das die Bedeutung einer Nachricht verschleiert, indem jeder einzelne Buchstabe im Text durch ein anderes Schriftzeichen ersetzt wird. Bei einem Code dagegen sind die Schriftzeichen zweitrangig, der Schwerpunkt liegt auf der Bedeutung: Hier werden meist ganze Wörter oder Sätze entsprechend einer Liste ausgetauscht, die in einem Codebuch enthalten ist.

Ein weiterer Unterschied zwischen Codes und Chiffren hat mit dem Ausmaß ihrer Flexibilität zu tun. Codes sind statisch: Sie verbergen die Bedeutung einer Nachricht auf der Grundlage der Wörter und Phrasen in einem Codebuch. Ein Code könnte beispielsweise festlegen, dass die Zahlengruppe „5487" das Wort „Angriff" ersetzt. Jedes Mal, wenn eine Nachricht dieses Wort enthält, kommt also in der codierten Version die Zahlengruppe „5487" vor. Selbst wenn ein Codebuch mehrere Möglichkeiten für die Codierung von „Angriff" enthält, ergibt sich also nur eine begrenzte Anzahl von Variationen.

Eine Chiffre dagegen ist von ihrem Wesen her flexibler; wie das Wort „Angriff" chiffriert wird, hängt unter Umständen von seiner Position in der Nachricht und einer Fülle weiterer Variablen ab, die durch die Regeln des Chiffresystems definiert werden. Demnach können ein Buchstabe, ein Wort oder eine Phrase in verschiedenen Teilen einer Nachricht ganz unterschiedlich verschlüsselt werden.

Die allgemeinen Regeln zur Verschlüsselung einer Nachricht werden in einem Chiffresystem als Algorithmus bezeichnet. Der jeweilige Schlüssel legt dabei die Einzelheiten der Verschlüsselung fest.

Verborgene Schrift

Im antiken Griechenland war man nicht nur geschickt in der Kryptografie, sondern nutzte auch eine andere Form der Geheimschrift, die Steganografie. Während die Kryptografie das Ziel verfolgt, die Bedeutung einer Nachricht zu verbergen, soll Steganografie die Tatsache verschleiern, dass es überhaupt eine Nachricht gibt.

Oben: Herodot von Halikarnassos lebte im 5. Jahrhundert v. u. Z. Der Gelehrte und Historiker schilderte in seinen *Historien* einige der frühesten Beispiele für Steganografie.

Mehrere Beispiele beschreibt der gelegentlich als Vater der Geschichtsschreibung bezeichnete Herodot in seinen *Historien*. In einer Episode erzählt er von einem Adligen namens Harpagos, der sich am König der Meder rächen wollte, nachdem dieser ihn zuvor mit einer List veranlasst hatte, seinen eigenen Sohn zu essen. Harpagos versteckte eine Nachricht an einen potenziellen Verbündeten in einem toten Hasen und schickte einen als Jäger verkleideten Boten, der ihn abliefern sollte. Die Nachricht erreichte ihren Empfänger, das Bündnis wurde geschmiedet, und schließlich wurde der Mederkönig gestürzt.

Die Geheimnisse der Sklaven

Im antiken Griechenland versteckte man Nachrichten auch unter dem Wachs von Wachstäfelchen, um so deren Entdeckung zu vermeiden. Eine weitere, eher grausige Methode bestand darin, Nachrichten in die rasierte Kopfhaut von Sklaven zu tätowieren. Wenn die Haare des unglückseligen Boten nachgewachsen waren und er nicht in der Zwischenzeit an Blutvergiftung gestorben war, konnte man ihn entsenden, damit er die Nachricht persönlich überbrachte. Am Bestimmungsort wurde der Kopf des Boten vom vorgesehenen Empfänger erneut rasiert, sodass dieser die Nachricht lesen konnte.

Geheime Nachrichten durch rasierte Sklaven zu übermitteln, ist eindeutig mit Nachteilen verbunden. Zum einen geht es sehr langsam. Die Steganografie hat aber bis in die heutige Zeit überlebt, sie war und ist bei Spion:innen sehr beliebt. Es gibt dafür wie bei der Kryptografie eine Fülle verschiedener Methoden. Das Spektrum reicht von unsichtbarer Tinte, die von Spion:innen schon seit jeher verwendet wurde, bis zu modernen technischen Verfahren, um Daten heimlich in digitalen Bild- oder Musikdateien zu speichern.

Die griechischen Gelehrten waren offensichtlich Experten für Geheimschriften. So dachte sich der Historiker Polybios ein System aus, das bis in die heutige Zeit in Gebrauch ist (siehe Seite 16). Seine „Schachbrettmethode", wie sie genannt wird, dürfte dazu gedient haben, Signale mit brennenden Fackeln zu übermitteln: Wenn jemand beispielsweise zwei Fackeln in der linken Hand und eine in der rechten hielt, signalisierte dies den Buchstaben „b". Später diente das System auch als Grundlage für kompliziertere Chiffren.

Die berüchtigten Krieger aus Sparta benutzten wohl schon im 7. Jahrhundert v. u. Z. ein Gerät namens Skytale, um geheime Nachrichten mit einer Art Transpositionsverfahren zu übermitteln.

Wie das funktionierte, beschrieb der griechische Historiker Plutarch so:

Oben: Der griechische Historiker, Biograf und Essayist Plutarch (etwa 46–127 u. Z.) erläuterte die Funktionsweise der Skytale.

> *„Wenn sie [die Herrscher] einen Admiral oder einen General ausschicken, machen sie zwei runde Stücke aus Holz, die sich in Länge und Dicke genau gleichen, sodass jedes dem anderen in seinen Abmessungen entspricht, und behalten eines für sich selbst, während sie das andere ihrem Abgesandten mitgeben. Diese beiden Holzstücke werden als Skytalen bezeichnet. Wenn sie dann jemandem eine geheime und wichtige Nachricht zu schicken wünschen, machen sie einen langen, schmalen Streifen aus Pergament wie einen Lederriemen und wickeln ihn um ihre Skytale, sodass kein freier Raum bleibt, weil die ganze Oberfläche mit Pergament bedeckt ist. Danach schreiben sie das Gewünschte auf das Pergament, während es um die Skytale herumgewickelt liegt; wenn sie dann ihre Nachricht geschrieben haben, nehmen sie das Pergament ab und schicken es ohne das Holzstück an den Kommandanten. Wenn dieser es empfangen hat, kann er daraus keinen Sinn entnehmen – denn die Buchstaben haben keine Verbindung, sondern sind ungeordnet –, es sei denn, er nimmt seine eigene Skytale und wickelt den Pergamentstreifen herum."*

Codeanalyse
Substitutionschiffren

Polybios ordnete die Buchstaben des Alphabets in einem Gitternetz von 5 × 5 Quadraten an (**i** und **j** waren zu jener Zeit austauschbar und teilen sich eine Zelle) und teilte jeder der Spalten und Zeilen eine Zahl von 1 bis 5 zu:

	1	2	3	4	5
1	a	b	c	d	e
2	f	g	h	i/j	k
3	l	m	n	o	p
4	q	r	s	t	u
5	v	w	x	y	z

Auf diese Weise wird jeder Buchstabe durch zwei Zahlen repräsentiert. 13 steht beispielsweise für den Buchstaben **c**, und **m** ist 32.

Caesars Verschiebung

Klartext	a	b	c	d	e	f	g	h	i	j	k	l	m	n	o	p	q	r	s	t	u	v	w	x	y	z
Chiffre	E	F	G	H	I	J	K	L	M	N	O	P	Q	R	S	T	U	V	W	X	Y	Z	A	B	C	D

Eine Chiffre wie die von Caesar, bei der die Buchstaben einer Nachricht durch andere Buchstaben ersetzt werden, nennt man monoalphabetische Substitution; Caesar schützte seine Geheimnisse, indem er Buchstaben einfach drei Stellen nach links verschob. Das gleiche Prinzip lässt sich aber auch anwenden, wenn man die Buchstaben an eine beliebige andere der 25 übrigen Stellen des Alphabets verschiebt. Wenn die verschobenen Buchstaben über das **Z** hinausgehen, beginnt das Alphabet gewissermaßen von vorn – ein **Y** wird, um drei Stellen verschoben, zum **B**. Die Methode wird manchmal als ROT-N-Verschlüsselung bezeichnet, wobei N die Zahl der Buchstaben ist, um die nach rechts verschoben wird.

Eine mit der Caesar-Verschlüsselung geschriebene Nachricht lässt sich relativ leicht entziffern, denn es gibt nur eine begrenzte Anzahl möglicher Verschiebungen – im Englischen und Deutschen sind es 25.

Ein Beispiel ist die folgende kurze verschlüsselte Nachricht:

FIAEVI XLI MHIW SJ QEVGL

Mit der einfachsten Methode zur Entschlüsselung schreibt man einen kurzen Abschnitt des Schlüsseltextes in eine Tabelle und darunter alle möglichen Verschiebungen, die vorgenommen worden sein könnten.

Die Methode wird manchmal als „Vervollständigung der Klartextkomponente“ bezeichnet. Man muss dazu die verschiedenen Alphabete nur aufschreiben, bis man eines findet, das einen sinnvollen Text ergibt:

Zahl der verschobenen Stellen	Möglicher Klartext
0	FIAEVI XLI
1	EHZDUH WKH
2	DGYCTG VJG
3	CFXBSF UIF
4	BEWARE THE

Wenn an dieser Stelle sinnvolle Worte auftauchen, kann man annehmen, dass das Alphabet zur Verschlüsselung um vier Buchstaben verschoben wurde. Die Entschlüsselung des restlichen Textes zeigt, dass die Nachricht „*Beware the Ides of March*“ (Hüte dich vor den Iden des März) lautet.

> Anmerkung des Haupt Verlags: Stephen Pincock und Mark Frary haben dieses Buch im Original auf Englisch verfasst. Die Beispieltexte in dieser Ausgabe wurden auf Englisch belassen, damit die Codeanalysen möglichst nachvollziehbar bleiben. Natürlich lassen sich die Prinzipien auf Texte in deutscher Sprache übertragen.

Codeanalyse

Transpositionschiffren

Die zweite große Kategorie von Chiffren sind die Transpositionen, bei denen die Buchstaben einer Nachricht scheinbar wahllos umgestellt werden.

Die Transposition lässt sich ebenfalls mit einem Gitternetz bewerkstelligen. Nehmen wir ein einfaches Beispiel: Wer die Nachricht *„the ship will sail at dawn heading due east“* (Das Schiff wird bei Sonnenaufgang gen Osten segeln) senden will, könnte sie in Zeilen zu je fünf Buchstaben aufschreiben und dann die Buchstaben in den Spalten ablesen, um sie zu verschlüsseln:

```
t   h   e   s   h
i   p   w   i   l
l   s   a   i   l
a   t   d   a   w
n   h   e   a   d
i   n   g   d   u
e   e   a   s   t
```

Daraus wird die verschlüsselte Nachricht

TILANIEHPSTHNEEWADEGASIIAADSHLLWDUT

Eine gute Methode zur Entschlüsselung einer Nachricht, die bekanntermaßen durch Transposition entstanden ist, wird als „Anagrammbildung“ bezeichnet. Dabei schiebt man Stücke des verschlüsselten Textes hin und her, wobei man nach Abschnitten sucht, die wie Bruchstücke richtiger Wörter aussehen.

Eine besondere Methode ist die „multiple Anagrammbildung“: Dabei wendet man die Anagrammmethode parallel auf zwei verschiedene Schlüsseltexte an und nutzt diese zur gegenseitigen Überprüfung.

Damit die multiple Anagrammbildung funktioniert, braucht man zwei Transpositionen, die die gleiche Zahl von Wörtern oder Buchstaben enthalten und mit der gleichen Methode umgestellt wurden. Wenn Codeknacker:innen die feindliche Kommunikation über ausreichend lange Zeit verfolgen – vielleicht während eines Krieges –, ist so etwas wahrscheinlicher, als es zunächst den Anschein hat.

Das Prinzip können wir uns an einem einfachen Beispiel verdeutlichen. Angenommen, zwei Transpositionen bestehen jeweils aus fünf Buchstaben:

EJSLA
LGEBU

Wie man ziemlich leicht erkennt, können beide Buchstabengruppen zu verschiedenen Wörtern umgestellt werden:

ESKLA könnte *LAKES* (Seen) oder *LEAKS* (Lecks) ergeben.
LEGBU könnte *BUGLE* (Signalhorn) oder *BULGE* (Ausbuchtung) ergeben.

Hätten wir nur eines der beiden Textfragmente, wäre nicht klar, welche der beiden Möglichkeiten stimmt. Nehmen wir aber die gleiche Umordnung parallel in beiden Nachrichten vor, wird deutlich, dass nur eine in beiden Fällen eine sinnvolle Antwort ergibt:

12345	41532	45132	45312
ESKLA	LEAKS	LAEKS	LAKES
LEGBU	BLUGE	BULGE	BUGLE

DER DISKOS VON PHAISTOS

In den ersten Julitagen des Jahres 1908 war der junge italienische Archäologe Luigi Pernier an der Südküste Kretas mit Ausgrabungen im minoischen Palast von Phaistos beschäftigt.

In der Sommerhitze arbeitete Pernier im Hauptraum eines unterirdischen Tempelmagazins und entdeckte dort eine bemerkenswert gut erhaltene, kalkverkrustete Terrakottascheibe von etwa 15 Zentimetern Durchmesser, die aber nur etwas über einen Zentimeter dick war.

Die Scheibe trug auf beiden Seiten insgesamt 242 rätselhafte, eingeprägte Hieroglyphen, die vom äußeren Rand bis zur Mitte eine Spirale bildeten. Von den 45 verschiedenen Zeichen – eingravierten oder eingedrückten symbolischen Figuren – stellten mehrere offensichtlich Dinge aus dem Alltag dar, beispielsweise Menschen, Fische, Insekten, Vögel, ein Boot und so weiter.

Die Symbole mochten leicht zu erkennen sein, aber was sie bedeuten, wurde in den nachfolgenden 100 Jahren hitzig diskutiert.

Manche Amateurarchäolog:innen äußerten die Vermutung, es könne sich um eine Art Gebet handeln, andere hielten es für einen Kalender und wieder andere für einen Ruf zu den Waffen. Weitere Spekulationen gingen davon aus, es könnte sich um ein antikes Brettspiel oder einen geometrischen Lehrsatz handeln.

Erst 2014 entwickelte man eine glaubwürdige Methode, um die Scheibe zu lesen, aber auch sie führte nicht dazu, dass man den Inhalt der Nachricht vollständig verstand.

Einer, der sich schon seit Langem für die Geheimnisse der Scheibe interessiert, ist der Mathematiker Anthony Svoronos aus Kreta.

„Der wichtigste Aspekt des Diskos ist nach meiner Überzeugung die Methode, mit der er geschaffen wurde“, erklärt Svoronos. „Die Scheibe wurde mit mehreren Stempeln bedruckt. Zur Herstellung dieser Stempel waren große Anstrengungen notwendig, und deshalb sollten wir davon ausgehen, dass sie zur Herstellung vieler verschiedener Dokumente verwendet wurden. Und doch ist der Diskos das einzige Dokument, das mit diesen Stempeln erzeugt wurde und bis in unsere Zeit erhalten geblieben ist.“

Noch enttäuschender wird dieser Mangel, weil Archäologen auf der anderen Seite Kretas, an der Ausgrabungsstätte des minoischen Palastes von Knossos, Hunderte von Tafeln entdeckt haben, die mit antiken Schriftzeichen namens Linear A und Linear B verziert sind.

Linear A, die ältere der beiden Schriften, ist bis heute nicht entschlüsselt – damit gehört auch sie zu den ungelösten Rätseln der antiken Schriften. Linear B dagegen, die aus dem 14. und 13. Jahrhundert v. u. Z. stammt, wurde in den 1950er-Jahren entschlüsselt: Damals entdeckte der englische Architekt Michael Bentris, dass auf den Tafeln eine Form des Griechischen stand.

Die Schwierigkeit bei der Entschlüsselung des Diskos von Phaistos ist nach Ansicht der meisten Expert:innen, dass die Scheibe einfach nicht genügend Schriftzeichen enthält, um eine definitive Entzifferung durchzuführen.

Interessant ist auch, dass die auf der Scheibe eingeprägten Zeichen sehr scharf und detailliert sind, ganz anders als die viel abstrakteren Formen und Zeichen der Linearschriften.

Oben: Die beiden Seiten des Diskos von Phaistos. Die Bedeutung der Zeichen und die Herkunft der Scheibe sind bis heute unklar. Damit bleibt der Fund eines der berühmtesten Rätsel aus Archäologie und Kryptologie.

Aber das alles hielt den Linguisten Dr. Gareth Owens vom Technological Educational Institute in Kreta und John Coleman, Professor für Phonetik an der Universität Oxford, nicht von der Entwicklung einer plausiblen Methode ab, mit der man die Scheibe lesen kann. Mit ihr erhält man faszinierende Anhaltspunkte für den Inhalt.

Die beiden Wissenschaftler erkannten Ähnlichkeiten zwischen der entzifferten Linear B und den Glyphen auf der Scheibe. Mit ihrer Hilfe konnten sie „mehr als 90 Prozent des Diskos von Phaistos lesen". So hat beispielsweise das Symbol, das Owens als „punk head" (Punkkopf) bezeichnete, den gleichen phonetischen Laut [l] wie das Symbol 28 im Linear B. Mit dieser und ähnlichen Annahmen sowie mit parallelen, in Linear B geschriebenen Texten identifizierten die beiden die sich wiederholende Gruppe von Symbolen als IQEKURJA, was so viel wie „schwangere Mutter" oder „Göttin" bedeutet. Dies veranlasste sie zu der Vermutung, die Scheibe könne ein Gebet an eine minoische Göttin enthalten.

Aber solange es keine eindeutige Entschlüsselung gibt – etwa dadurch, dass man die gleichen Zeichen auf anderen Dokumenten entdeckt –, werden wir nicht genau erfahren, ob diese Erklärung stimmt.

بزان واثق تواند شد وآنرا سبب شفا شمرد وباز اعمال خیر وساختن توشه آخرت از علت گناه ازان
گونه شفائی دهد که معاودت صورت نبندد ومن بحکم این مقدمات از علم طب تبرا نمودم و
و نهمت بر طلب دین مصروف گردانیدم والحق راه آن دراز و بی پایان یافتم سراسر مخاوف و مضایق

Der Ursprung der Kryptoanalyse

Jahrtausendelang hatte sich die Entwicklung der Kryptografie ohne nennenswerte parallele Bestrebungen bei der Kryptoanalyse und den entsprechenden Entschlüsselungsmethoden vollzogen. Die Techniken der Kryptoanalyse wurden von den Völkern Arabiens erdacht.

Im goldenen Zeitalter der islamischen Kultur nach dem Jahr 750 unserer Zeitrechnung besaßen die Gelehrten tiefe Kenntnisse in Naturwissenschaften, Mathematik, Kunst und Literatur. Wörterbücher, Enzyklopädien und Lehrbücher der Kryptografie erschienen, und die wissenschaftliche Erforschung von Wortherkunft und Satzstrukturen führte auch in der Kryptoanalyse zum ersten größeren Durchbruch. Muslimische Gelehrte gelangten zu der Erkenntnis, dass Buchstaben in allen Sprachen mit einer bestimmten Häufigkeit auftreten. Sie belegten, dass man Erkenntnisse über solche Häufigkeiten dazu nutzen konnte, Chiffren zu entschlüsseln – ein Verfahren, das als Häufigkeitsanalyse bekannt ist.

Soweit man weiß, stammt die erste schriftlich festgehaltene Erklärung der Kryptoanalyse aus dem 9. Jahrhundert. Sie wurde von dem arabischen Wissenschaftler und Autor Abu Yusuf Yaqub ibn Ishaq al-Sabbah al-Kindi verfasst und steht in seinem Werk *Abhandlung über die Entzifferung kryptografischer Botschaften.*

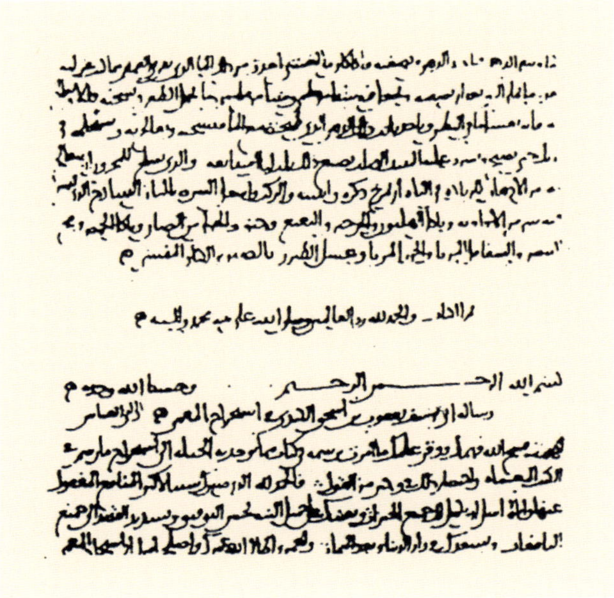

Gegenüber: Das goldene Zeitalter des Islam, das von ungefähr 750 u. Z. bis ins 13. Jahrhundert dauerte, war eine Zeit großer Errungenschaften in Wissenschaft, Kunst und Philosophie. Einer ihrer Vertreter war der große Kryptoanalytiker al-Kindi.

Links: Eine Seite aus al-Kindis *Abhandlung über die Entzifferung kryptografischer Botschaften*

Codeanalyse
Häufigkeitsanalyse

Die Häufigkeitsanalyse ist wahrscheinlich das wichtigste grundlegende Hilfsmittel für Codeknacker:innen. Zwar kommen die einzelnen Buchstaben des Alphabets in jedem Text mit anderer Häufigkeit vor, es gibt aber regelmäßig wiederkehrende Muster, die äußerst nützlich sind, wenn man eine Nachricht entschlüsseln will.

Zum Beispiel ist der häufigste Buchstabe im Englischen – mit einer durchschnittlichen Häufigkeit von 12 Prozent – das **e**. Die nächsthäufigen sind **t**, **a**, **o**, **i**, **n** und **s**. Am seltensten kommen **j**, **q**, **z** und **x** vor.

In einem englischen Text rechnet man mit folgender Häufigkeitsverteilung (auf der Grundlage von Buchstabenzählungen von Meyer-Matyas, veröffentlicht in *Decrypted Secrets: Methods and Maxims of Cryptography*):

A	8,0 %	N	7,1 %
B	1,5 %	O	7,6 %
C	3,0 %	P	2,0 %
D	3,9 %	Q	0,1 %
E	12,5 %	R	6,1 %
F	2,3 %	S	6,5 %
G	1,9 %	T	9,2 %
H	5,5 %	U	2,7 %
I	7,2 %	V	1,0 %
J	0,1 %	W	1,9 %
K	0,7 %	X	0,2 %
L	4,1 %	Y	1,7 %
M	2,5 %	Z	0,1 %

Anmerkung des Haupt Verlags: Die in der deutschen Sprache am häufigsten verwendeten Buchstaben sind **e** (ca. 17 %), **n** (ca. 10 %), **i**, **s** und **r** (je ca. 7–7,5 %) (Beutelspacher: *Kryptologie*. Vieweg 2007, S. 10.). Mit dem Suchbegriff „Buchstabenhäufigkeit“ finden Sie im Internet weitere Informationen zu dem Thema.

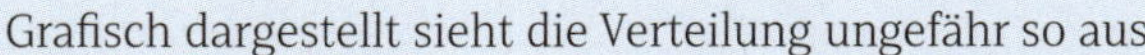

Grafisch dargestellt sieht die Verteilung ungefähr so aus:

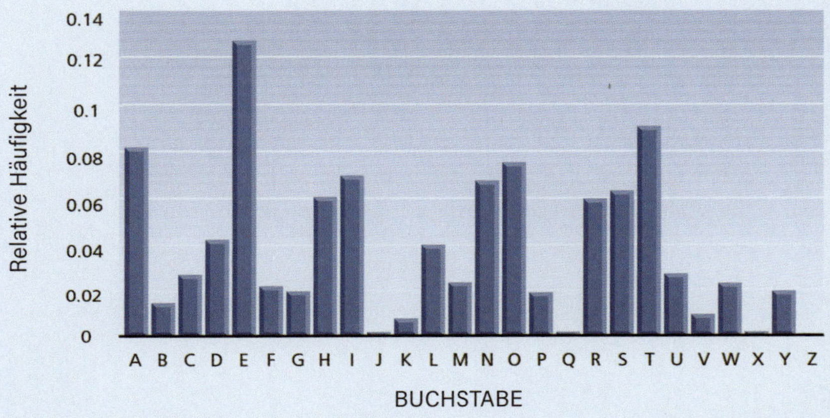

Mit solchen Kenntnissen kann man die Häufigkeiten von Buchstaben oder Symbolen in einer verschlüsselten Nachricht ermitteln und sie dann mit den üblichen Häufigkeiten in einem Klartext vergleichen.

Als Nächstes muss man sich die Gruppenbildung der Buchstaben ansehen. Im Englischen ist beispielsweise **the** die häufigste Buchstaben-Dreiergruppe (Trigraph), und auf ein **q** folgt in der Regel ein **u**. Vor einem **n** steht in den meisten Fällen ein Vokal. Und das Pronomen **I** sowie der Artikel **a** sind die häufigsten Wörter, die nur aus einem Buchstaben bestehen.

Es besteht keine Gewähr, dass die Buchstabenhäufigkeiten in einem bestimmten Text genau den Erwartungen entsprechen – ein wissenschaftlicher Fachartikel wird sicher einen ganz anderen Wortschatz enthalten als ein Liebesbrief.

Dennoch kann man mit solchen entscheidenden, bruchstückhaften Kenntnissen einen Zusammenhang zwischen verschlüsseltem Text und Klartext herstellen und in Umrissen skizzieren, um welche Klartext-Buchstaben es sich bei manchen Buchstaben der Nachricht handeln könnte.

Mit einer Kombination aus Ausprobieren, Hartnäckigkeit, begründeten Vermutungen und Glück ist es dann möglich, die Lücken zu füllen und den Code zu knacken.

Mittelalterliche Kryptografie

Gegenüber: Eine Landkarte aus dem 14. Jahrhundert zeigt Venedig als Drehscheibe des Handels.

Während die arabische Welt immer neue intellektuelle Höhen erklomm, war die Kryptologie in Europa eine kaum praktizierte Wissenschaft. Geheime Schriften waren im Frühmittelalter auf Klöster beschränkt, wo zumeist Mönche biblische und hebräische Chiffren wie die Atbasch-Verschlüsselung studierten.

Eines der wenigen Beispiele für einen chiffrierten Text außerhalb des religiösen Umfeldes findet sich in *The Equatorie of the Planetis*, einer wissenschaftlichen Abhandlung über Konstruktion und Gebrauch eines astronomischen Instruments. Der Text wird von manchen Experten Geoffrey Chaucer zugeschrieben (was andere infrage stellen). Er enthält einige kurze in Chiffre geschriebene Passagen, in denen die Buchstaben des Alphabets gegen Symbole ausgetauscht sind.

Die vorherrschende Methode der Geheimschrift war ab etwa 1400 und über die nächsten 400 Jahre der Nomenklator, eine Kombination aus Code und Chiffre. Nomenklatoren hatten sich in Südeuropa zu einer Zeit entwickelt, als wohlhabende Stadtstaaten wie Venedig, Neapel und Florenz um die Vorherrschaft im Handel konkurrierten, während die römisch-katholische Kirche durch die widerstreitenden Ansprüche zweier Päpste gespalten war.

Nomenklatoren kombinieren die Methoden des Schreibens in Code und in Chiffre: Mit einer Substitutionschiffre wird der Text eines großen Teils der Nachricht in scheinbar zufällige Buchstabenfolgen umgewandelt, während gleichzeitig manche Wörter oder Namen durch Codewörter oder Symbole ersetzt werden. Ein Nomenklator kann beispielsweise aus einer Liste von Symbolen bestehen, die an die Stelle der Buchstaben aus dem Alphabet treten, und zusätzlich werden Symbole einer zweiten Liste unmittelbar gegen häufige Wörter oder Namen ausgetauscht. Das Wort „und" könnte beispielsweise als „2" geschrieben werden, und „König von England" wird zu „&".

In der Anfangszeit ersetzten Nomenklatoren wenige Codewörter durch kurze, codierte Entsprechungen aus einem oder zwei Buchstaben. Das Ganze wurde in eine monoalphabetische Substitution integriert, mit der man den Rest der Nachricht durcheinandermischte. Im 18. Jahrhundert war ihre Größe gewaltig angewachsen: In Russland gebräuchliche Nomenklatoren umfassten codierte Entsprechungen für Tausende Wörter oder Silben.

Oben: Eine Thora-Schriftrolle mit den fünf Büchern des Alten Testaments, geschrieben auf Pergament aus Ziegenhaut.

Von der spannenden Kombination aus Kryptografie und religiösen Schriften geht für viele Menschen ein Höchstmaß an Faszination aus. Das zeigt sich nirgendwo besser als in dem gewaltigen Erfolg des Romanbestsellers *Sakrileg* von Dan Brown mit seiner Mischung aus verborgenen Nachrichten, Codes und großen Geheimnissen rund um das Christentum, alles verpackt in einen Thriller.

Aber auch außerhalb der Bereiche von Fiktion und Fantasie haben Geheimschriften und Religion eine lange gemeinsame Geschichte, die zum Teil aus reiner Notwendigkeit heraus entstand – wenn Verfolgung eine Religion in den Untergrund trieb. Das vielleicht berühmteste Geheimschriftsystem in der jüdisch-christlichen Tradition ist die Atbasch-Chiffre. Atbasch ist ein traditionelles hebräisches Substitutionssystem, in dem der erste Buchstabe des hebräischen Alphabets durch den letzten ersetzt wird, der zweite durch den zweitletzten, und so weiter. Der Name leitet sich von den Buchstaben Aleph, Taw, Beth und Schin ab, die im Alphabet an erster, letzter, zweiter und vorletzter Stelle stehen:

Die Atbasch-Chiffre

Aleph	Taw
Beth	Schin
Gimel	Resch
Daleth	Koph
He	Sade
Waw	Pe
Zajin	Ajin
Chet	Samech
Tet	Nun
Jod	Mem
Kaph	Lamed
Lamed	Kaph
Mem	Jod
Nun	Tet
Samech	Chet
Ajin	Zajin
Pe	Waw
Sade	He
Koph	Daleth
Resch	Gimel
Schin	Beth
Taw	Aleph

Im Alten Testament finden sich Atbasch-Substitutionen an mindestens zwei Stellen. Die erste steht in Jeremia 25, Vers 26 sowie 51, Vers 41: Dort wird das Wort „scheschach“ anstelle von „Babel“ (Babylon) verwendet. In Jeremia 51, Vers 1 steht „leb kamai“ anstelle von „Kaschdim“. Nach Ansicht der Experten hatte die Atbasch-Ersetzung hier nicht unbedingt den Zweck, eine Bedeutung zu verbergen. Man hält sie vielmehr für eine Methode, um bestimmte Interpretationen der Thora nahezulegen.

Andere häufig erörterte „Codes“ in der Bibel haben mit der Gematrie zu tun, einer Methode der Thora-Analyse, in der den Buchstaben Zahlenwerte zugeordnet werden, die man dann addiert und die Ergebnisse entsprechend interpretiert. Am berühmtesten ist wohl die Zahl 666, die in der Offenbarung des Johannes 13, Vers 18 als Zahl der Bestie bezeichnet wird. Nach Ansicht mancher Experten deutet die Zahl in Wirklichkeit auf „Nero Caesar“ hin, den Kaiser Nero, dessen Name aus dem Griechischen ins Hebräische übertragen wurde.

Ein anderes Beispiel findet sich im 14. Kapitel des 1. Buches Mose: Dort wird in Vers 14 beschrieben, wie Abraham 318 Bedienstete bewaffnet, damit sie in den Kampf ziehen und seinen gefangenen Vetter Lot befreien. In der rabbinischen Überlieferung steht die Zahl 318 als Gematrie für Abrahams Diener Elieser. Dies legt die Vermutung nahe, dass Abraham die große Leistung, seinen Verwandten zu retten, nicht mit einer Armee von 318 Soldaten erbrachte, sondern vielleicht nur in Begleitung eines einzigen Dieners, dessen Name allerdings „Gott ist meine Hilfe“ bedeutet.

Eine Form der Bibelanalyse, die weithin kritisiert wurde, beschreibt Michael Drosnin in seinem Buch *Der Bibel Code*. Dort heißt es, man könne in der Bibel verborgene Botschaften finden, wenn man nach abstandsgleichen Buchstabenfolgen sucht. Sein Buch greift auf die Arbeiten des Mathematikers Eliyahu Rips und anderer zurück und behauptet, man könne mit dieser Methode Anspielungen auf verschiedene Ereignisse finden, beispielsweise auf Attentate oder wissenschaftliche Durchbrüche.

Aus Sicht der professionellen Kryptoanalyse ist die Theorie des Thora-Codes jedoch höchst dubios. Zunächst einmal fehlen im Hebräischen die Vokale, und deshalb ist eine beträchtliche Flexibilität möglich. Und da außerdem der Anteil der einzelnen Buchstaben in einer Sprache

Oben: König Nimrod von Babylon und der Bau des Turmes zu Babel in einer biblischen Darstellung. Babel ist ein Beispiel für eine Atbasch-Substitution in der Bibel.

Oben: Baphomet, der gehörnte Götze der Teufelsanbeter

recht genau festgelegt ist, sind zwei Bücher von ungefähr der gleichen Länge auch ungefähre Anagramme – Umordnungen – voneinander; deshalb ist jeder Code, der sich auf Buchstabenabfolgen stützt, nicht ausschließlich der Bibel vorbehalten. Eine Arbeitsgruppe behauptete sogar, sie sei durch die Analyse des Romans *Moby Dick* von Herman Melville zu ähnlichen Ergebnissen gelangt.

Baphomet: die Theorie der Atbasch-Chiffre

Bei Anhängern von Schwarzer Magie und Okkultismus beschwört der Name Baphomet das Bild eines Dämons und vielleicht sogar Satans selbst herauf, der in Gestalt eines Menschen mit Ziegenhörnern und Flügeln auftritt. Aber solche Assoziationen sind relativ neueren Datums: Sie tauchten eigentlich erst im 19. Jahrhundert auf, als der französische Autor und Magiker Éliphas Lévi das Bild von Baphomet als Gestalt mit Ziegenkopf, Flügeln und Brüsten populär machte.

Ins Bewusstsein der Öffentlichkeit trat der Name Baphomet aber schon Jahrhunderte zuvor, nämlich in den ersten Jahren des 14. Jahrhunderts, also zu einer Zeit, in der die Tempelritter beschuldigt wurden, an dämonischen Handlungen teilzunehmen und unter anderem Götzen anzubeten.

Am Freitag, dem 13. Oktober 1307, ließ Philipp IV. von Frankreich den Templer-Großmeister Jacques de Molay und 140 andere Ritter im Pariser Temple festnehmen. Nach entsetzlichen Foltern gaben Mitglieder des Ordens zu, sie hätten auf das Kruzifix gespuckt, uriniert und es zertrampelt; zu einer Initiationszeremonie gehörten angeblich „obszöne Küsse“; außerdem hätten sie Mitglieder durch Bestechung angelockt und Götzen angebetet, darunter einen, der unter dem Namen Baphomet bekannt war. In der Folge wurden viele von ihnen auf dem Scheiterhaufen verbrannt, andere flüchteten aus dem Land.

Die Herkunft des Namens Baphomet ist ein wenig geheimnisumwoben; es wurden mehrere mögliche Erklärungen genannt. Nach einer weithin anerkannten Interpretation ist Baphomet eine altfranzösische Verballhornung von „Mahomet", einer Variante des islamischen Prophetennamens Mohammed. Anderen Vermutungen zufolge stammt Baphomet von den griechischen Wörtern „Baphe" und „Metis", was zusammen „Taufe der Weisheit" bedeutet, oder es stellt die Abkürzungen *Temp. ohp. Ab.* dar, die ihren Ursprung in dem lateinischen *Templi omnium hominum pacis abbas* haben, was „Vater des Allgemeinen Friedens unter den Menschen" bedeutet.

Die faszinierendste Vermutung stammt jedoch von Hugh Schonfield, einem der ersten Forscher, die sich mit den Schriftrollen vom Toten Meer beschäftigten. Er glaubte, „Baphomet" sei mit Kenntnis der Atbasch-Substitutionschiffre geschaffen worden, in der man den ersten Buchstaben des hebräischen Alphabets durch den letzten ersetzt, den zweiten durch den vorletzten, und so weiter. Wenn das stimmt, wird aus „Baphomet", auf Hebräisch geschrieben und mit Atbasch interpretiert, ein Wort, das man als das griechische „Sophia" oder Weisheit interpretieren kann.

ב פ ו מ ת

[Taw] [Mem] [Waw] [Pe] [Beth]

„Baphomet" auf Hebräisch von rechts nach links.

Schonfield wendete darauf die Atbasch-Chiffre an und gelangte zu:

ש ו פ י א

[Aleph] [Jod] [Pe] [Waw] [Schin]

Das griechische Wort „Sophia", geschrieben auf Hebräisch von rechts nach links.

Von hier an werden die Assoziationen immer esoterischer: Manche Autor:innen gehen noch weiter und stellen die Verbindung zu der gnostischen Göttin Sophia her, dem Weiblich-Göttlichen. Sophia wird ihrerseits mit Maria Magdalena gleichgesetzt, einer hingebungsvollen Begleiterin von Jesus Christus.

Codeanalyse
Homofone Verschlüsselung

Seit Beginn des 15. Jahrhunderts gab es Anzeichen, dass auch in Europa Kryptoanalytiker:innen tätig waren. In einer Chiffre für das Herzogtum Mantua wurde jedem Vokal des Klartextes eine Reihe verschiedener Entsprechungen zugeordnet. Eine solche Verschlüsselung, homofone Substitution genannt, bereitet Codeknacker:innen größere Schwierigkeiten, denn sie aufzulösen, erfordert mehr Erfindungsreichtum und Hartnäckigkeit als eine einfache monoalphabetische Chiffre. Ihre Einführung gilt als eindeutiges Zeichen, dass der Sekretär von Mantua im Kampf mit jemandem lag, der abgefangene Briefe entschlüsseln wollte, und dieser Gegner wusste vermutlich etwas über die Prinzipien der Häufigkeitsanalyse.

Eine homofone Verschlüsselung erfordert mehr Entsprechungen, als es Buchstaben im Alphabet gibt, und so versuchte man auf verschiedenen Wegen, größere Alphabete zu erfinden. In einem Fall wurden Zahlen zur Substitution verwendet. In anderen nutzte man Abwandlungen des vorhandenen Alphabets – beispielsweise Großbuchstaben, Kleinbuchstaben und Buchstaben, die auf dem Kopf standen.

Betrachten wir einmal ein Beispiel für eine homofone Substitution. Die Buchstaben in der obersten Reihe sind das Klartextalphabet, die Zahlen darunter die Alternativen für die Verschlüsselung:

a	b	c	d	e	f	g	h	i	j	k	l	m	n	o	p	q	r	s	t	u	v	w	x	y	z
46	04	55	14	09	48	74	36	13	10	16	24	15	07	22	76	30	08	12	01	17	06	66	57	67	26
52	20		97	31	73	85	37	18	38		29	60	23	63	95		34	27	19	32				71	
58				39			61	47			49		54	41			42	64	35						
79				50			68	70									53		78						
91				65															93						
				69																					
				96																					

Mit dieser Verschlüsselung könnte man den Klartext *„This is the beginning"* (Dies ist der Anfang) so schreiben:

01361312 1827 193731 043974470723705485

Wie man eine homofone Verschlüsselung knackt

Mit der homofonen Verschlüsselung kann man zwar die Häufigkeit einzelner Buchstaben gut verschleiern, Kombinationen von zwei oder drei Buchstaben lassen sich aber insbesondere in langen chiffrierten Textabschnitten weniger gut verbergen.

Eine grundlegende Methode zur Entschlüsselung einer homofonen Chiffre besteht darin, im verschlüsselten Text nach Teilwiederholungen zu suchen. Finden sich dort beispielsweise die beiden Zahlenfolgen

2052644755

und

2058644755,

könnten sich Kryptoanalytiker:innen fragen, ob 52 und 58 Homofone für den gleichen Klartextbuchstaben sind.

Außerdem weiß man, dass die häufigsten Kombinationen von zwei und drei Buchstaben in englischen Wörtern **th**, **in**, **he**, **er**, **the**, **ing** und **and** sind; zusätzlich findet man vielleicht heraus, dass vor dem Symbol 37 häufig die 19 und danach die 39 stehen.

Dies legt die Vermutung nahe, dass 19 das **t**, 37 das **h** und 39 das **e** repräsentieren. Geht man weiter nach dem gleichen Muster vor, kann man in mühsamer Arbeit die geheime Nachricht offenlegen.

Der Tod der schottischen Königin Maria Stuart

Im Jahr 1587 nutzte der angesehenste Kryptoanalytiker Englands die Häufigkeitsanalyse, um eine Herrscherin in den Tod zu schicken und über die Zukunft eines ganzen Landes zu entscheiden. Maria Stuart, Königin der Schotten, hatte Schottland bis 1567 regiert; dann hatte sie abgedankt und war nach England geflohen. Ihre Cousine jedoch, Königin Elisabeth I., sah in der katholischen Maria, einer Großnichte von Heinrich VIII., eine ernste Bedrohung und ließ sie in der Folge in verschiedenen Schlössern des Landes einsperren. Die von Elisabeth erlassenen katholikenfeindlichen Gesetze hatten in England ein Klima der Angst geschaffen, und die Inhaftierung Maria Stuarts wurde zum Ausgangspunkt ziviler Unruhen und Verschwörungen, mit denen die protestantische Königin abgesetzt werden sollte.

Anthony Babington, ein Anhänger Maria Stuarts, schmiedete ab 1586 den Plan, Elisabeth zu ermorden und Maria auf den Thron zu heben. Der Erfolg der Verschwörung hing davon ab, dass Maria Stuart kooperierte, aber mit ihr heimlich in Verbindung zu treten, war nicht einfach. Babington rekrutierte den früheren Priesterkandidaten Gilbert Gifford als Boten, und der junge, wagemutige Mann fand schon bald einen Weg, um Briefe mit einem Bierfass in Maria Stuarts Gefängnis auf dem Landsitz Chartley und wieder hinaus zu schmuggeln. Aber Gifford war ein Doppelagent. Er hatte Elisabeths leitendem Staatssekretär Sir Francis Walsingham, dem Gründer des ersten englischen Geheimdienstes, die Treue geschworen. Der frühere Seminarist leitete Maria Stuarts Briefe unmittelbar an Thomas Phelippes weiter, Englands meisterhaften Codeknacker.

Maria Stuarts Korrespondenz mit der Außenwelt war zum größten Teil verschlüsselt, aber das war für Phelippes, einen schlanken, kurzsichtigen Mann, der im Gesicht die charakteristischen Spuren einer Pockeninfektion trug, nur ein geringes Problem. Er stand in dem Ruf, fließend Französisch, Spanisch, Italienisch und Lateinisch zu sprechen, außerdem war er ein berüchtigt geschickter Fälscher. Walsinghams oberster Kryptoanalytiker war ein Meister der Häufigkeitsanalyse, und mit dieser Fähigkeit konnte er die geheimen Nachrichten entschlüsseln, die zwischen der inhaftierten Maria Stuart und Babington hin und her gingen.

Aufgrund der Indizien, zu deren Beschaffung Phelippes beigetragen hatte, wollte Walsingham Königin Elisabeth überzeugen, dass der Thron und ihr Leben in Gefahr waren, wenn sie Maria Stuart nicht hinrichten ließ. Die englische Königin weigerte sich, aber, so Walsinghams Überzeu-

Oben: Maria I. von Schottland (1542–1587), besser bekannt als Maria Stuart. Ihr von Elisabeth I. angeordneter Tod gilt in der Geschichte der Kryptografie als richtungsweisendes Ereignis.

Unten: Elisabeth I. (1533–1603), Königin von England, Königin von Frankreich (nur dem Namen nach) und Königin von Irland vom 17. November 1558 bis zu ihrem Tod.

Anthonie Babington

Acknowledged & subscribed by Babington
primo Sept: 1586 in ye presence of Edwarde Barker.

gung, wenn es Beweise für Marias Attentatspläne gab, würde Elisabeth ihm beipflichten und deren Hinrichtung anordnen.

Am 6. Juli schrieb Babington einen langen Brief an Maria Stuart und schilderte darin die Einzelheiten der Babington-Verschwörung, wie sie später genannt wurde. Er bat Maria Stuart um ihre Zustimmung und ihren Rat zur „Beseitigung der alles usurpierenden Konkurrentin“ – das heißt, zur Ermordung von Elisabeth I. Als Maria Stuart am 17. Juni antwortete, besiegelte sie ihr Schicksal. Walsingham bat den geschickten Phelippes, den Brief abzuschreiben und ein gefälschtes, verschlüsseltes Postskriptum hinzuzufügen, in dem nach der Identität der Verschwörer gefragt wurde.

Pflichtschuldigst wurden die Namen der Männer genannt, und damit war auch deren Schicksal besiegelt. Es war bewiesen, dass Maria Stuart in die Verschwörung verwickelt war. Wenige Tage später wurden Babington und seine Mitverschwörer festgenommen und in den Londoner Tower gebracht. Maria Stuart kam im Oktober vor Gericht. Am 1. Februar 1587 unterzeichnete Elisabeth das Todesurteil, und sieben Tage später wurde Maria in der Great Hall von Fotheringay enthauptet.

Die Nachrichten, die Gilbert Gifford in Bierfässern aus Chartley herausschmuggelte und unmittelbar bei Thomas Phelippes ablieferte, waren von Maria Stuarts Sekretär Gilbert Curle verschlüsselt worden. Er bediente sich dazu einer Reihe verschiedener Nomenklatoren und „Nullen“ – diese bedeuteten nichts und wurden hinzugefügt, um den Codeknacker zu verwirren.

Aber Maria Stuarts chiffrierte Nachrichten hatten angesichts der meisterhaften Häufigkeitsanalyse von Phelippes keine Chance. Mit einer Kombination aus Hartnäckigkeit, sorgfältigen Vermutungen und schierem Glück kann man die Lücken füllen und den Code knacken. Für geübte Kryptoanalytiker:innen wird so etwas zur zweiten Natur – Thomas Phelippes konnte die Briefe von Maria Stuart den Berichten zufolge nahezu sofort nach ihrem Erhalt entschlüsseln.

Gegenüber: Das von Thomas Phelippes gefälschte, verschlüsselte Postskriptum in dem Brief, in dem Maria Stuart sich bei Anthony Babington nach den Namen der Verschwörer erkundigt.

Codeanalyse
Häufigkeitsanalyse in der Praxis

Wenn man in der Kryptoanalyse einen verschlüsselten Text vorliegen hat, besteht eine der ersten Aufgaben darin herauszufinden, welche Art von Umwandlung auf die ursprüngliche Nachricht angewandt wurde. Ohne jegliche weitere Anhaltspunkte kann die Häufigkeitsanalyse zur Klärung der Frage beitragen, womit man es eigentlich zu tun hat.

Bei einer Transpositionschiffre haben beispielsweise die Buchstaben genau die gleiche Häufigkeit wie im Klartext – sie wurden nicht ersetzt, sondern nur durcheinandergemischt; deshalb ist das **e** immer noch der häufigste Buchstabe, und so weiter. Bei Substitutionen dagegen ist die Häufigkeit eine andere – das heißt, der Buchstabe, der an die Stelle des **e** getreten ist, kommt am häufigsten vor.

Angenommen, wir wollten den folgenden verschlüsselten Text aufklären und wissen nur, dass der ursprüngliche Klartext in englischer Sprache verfasst war:

YCKKVOTM OTZU OZGRE IGKYGX QTKC ZNGZ NK CGY XOYQOTM CUXRJ CGX LUX NK NGJ IUTLKYYKJ GY SAIN ZU NOY IUSVGTOUTY GTJ YNAJJKXKJ GZ ZNK VXUYVKIZ IRKGX YOMNZKJ GY NK CGY NUCKBKX TUZ KBKT IGKYGX IUARJ GTZOIOVGZK ZNK LARR IUTYKWAKTIKY UL NOY JKIOYOUT

Zunächst ermitteln wir die vollständige Häufigkeitsverteilung der Buchstaben in dem verschlüsselten Text. Zu diesem Zweck kann man das Alphabet unten auf ein Blatt Papier schreiben, und wenn man auf den Buchstaben trifft, zeichnet man darüber ein X ein. Auf diese Weise erhält man eine grafische Darstellung der Häufigkeit.

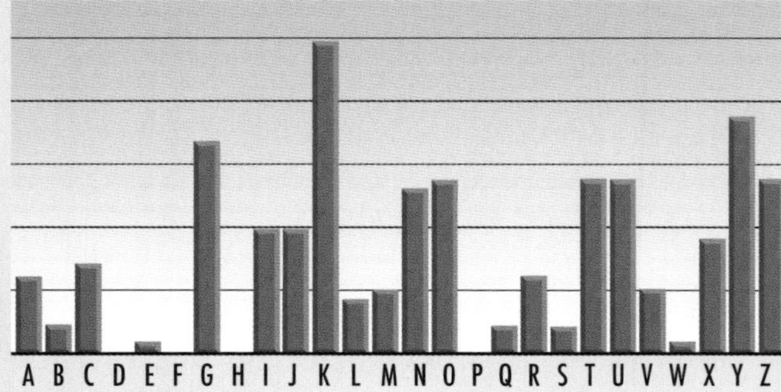

Jetzt vergleicht man dieses Diagramm mit der Grafik, die wir zuvor bereits aus der üblichen Häufigkeitsverteilung der Buchstaben im Englischen abgeleitet haben.

Dabei zeigt sich sofort, dass in dem verschlüsselten Text kaum **e**s vorkommen – was vermuten lässt, dass es sich nicht um eine einfache Transposition handelt. Die Häufigkeitsverteilung in dem verschlüsselten Text zeigt jedoch einige Ähnlichkeiten mit den Standardhäufigkeiten. Ein Beispiel ist das **K**: Es ist mit Abstand der häufigste Buchstabe – man kann also vermuten, dass er in der Verschlüsselung anstelle des **e** steht.

Es gibt auch andere Anhaltspunkte, darunter die Verteilung nach dem **K**. Hier gibt es zwei Spitzenwerte bei **N** und **O**, gefolgt von einem weiteren bei **T**-**U**. Dann gibt es noch drei relativ hohe Spitzen bei **X**, **Y** und **Z**. Wer Erfahrung in der Kryptoanalyse hat, erkennt darin die Spitzenwertverteilung 2-2-3. Im normalen Englisch kommen diese Spitzenwerte bei den Buchstaben **H** und **I**, **N** und **O** sowie **R**, **S** und **T** vor. Das ganze Diagramm sieht aus, als wäre es um sechs Stellen nach rechts verschoben. So ist es tatsächlich. Der Text wurde mit einer Caesar-Verschlüsselung um sechs Stellen verschlüsselt. Wenn wir also jeden Buchstaben des verschlüsselten Textes im Alphabet wieder um sechs Stellen zurück verschieben, wird **Y** zu **S**, **C** zu **W**, und so weiter, bis sich herausstellt, dass es sich bei dem verschlüsselten Text um einen Auszug aus dem Buch *Rubicon* von Tom Holland handelt:

> *„Sweeping into Italy, Caesar knew that he was risking world war for he had confessed as much to his companions and shuddered at the prospect. Clear-sighted as he was however, not even Caesar could anticipate the full consequences of his decision.“* (Als Caesar in Italien einmarschierte, wusste er, dass er einen Weltkrieg riskierte, denn er hatte es seinen Gefährten gestanden. Es schauderte ihn bei der Aussicht darauf. Doch so weitsichtig er auch war, nicht einmal Caesar konnte die Folgen seiner Entscheidung in vollem Umfang voraussehen.)

DIE CODES DES KAMASUTRA

Im heutigen Sprachgebrauch ist *Kamasutra* eine Art Synonym für ein Sex-Handbuch; dafür sprechen die vielen illustrierten Versionen, Videos und Websites, die sich mit seinen Aussagen befassen. Aber das *Kama Sutra of Vatsyayana* („Verse des Verlangens"), um den ganzen Titel zu nennen, ist mehr als nur ein einfacher Leitfaden über exotische Liebespositionen. Es definiert nicht nur drei Typen von Männern und Frauen je nach den Ausmaßen ihrer Geschlechtsteile (Hase, Bulle oder Pferd bei Männern; Reh, Stute oder Elefant bei Frauen), sondern ist auch ein vollständiger Anfängerleitfaden über Liebe, Romantik, Ehe und vieles andere.

Eine gewisse Bedeutung misst das Kamasutra auch Frauen bei, die ihre Fähigkeiten zu Kryptografie und Kryptoanalyse entwickeln. Nummer 41 in der Liste der unentbehrlichen Künste ist die Fähigkeit, Rätsel zu lösen und eine Geheimsprache zu benutzen. Es folgt *Mlecchita Vikalpa,* „die Kunst, Geschriebenes in Chiffre zu verstehen und Wörter auf ganz besondere Weise zu schreiben".

Das Buch enthält eine Reihe praxisorientierter Abbildungen von Methoden, die man dazu verwenden kann, darunter die sprachlichen Tricks, Anfang und Ende von Wörtern zu vertauschen oder Buchstaben zwischen den Silben einzufügen. Was das Schreiben angeht, erwähnt es „die Anordnung der Wörter eines Verses, die unregelmäßig geschrieben werden, indem man Vokale von Konsonanten trennt oder völlig auslässt".

Ein wichtiger Kommentar zum Kamasutra ist das um 1000 u. Z. verfasste *Jayamangala* von Yasodhara. Es enthält verschiedene Formen eines Systems, die man benutzen kann. David Kahn bezeichnet einige davon in seinem Buch *The Codebreakers* als *kautiliyam:* Buchstaben werden aufgrund phonetischer Zusammenhänge ausgetauscht, wobei Vokale beispielsweise zu Konsonanten werden.

Eine andere hier aufgeführte Methode ist *muladeviya:* Einige Buchstaben des Alphabets werden ausgetauscht, die anderen bleiben gleich:

a	kh	gh.	c	t	ñ	n	r	l	y
k	g	n	t.	p	n.	m	s.	s	-

„Wenn eine Frau von ihrem Mann getrennt wird und in Kummer verfällt, kann sie sich selbst in einem fremden Land durch Kenntnis dieser Künste leicht versorgen", schlägt Vatsyayana vor. „Ein Mann, welcher in diesen Künsten versiert ist, ist redselig und mit den Künsten der Galanterie vertraut."

Manche Vorschläge aus dem Kamasutra mögen in unserer heutigen Welt seltsam erscheinen, die Ratschläge über Geheimschriften werden aber wahrscheinlich nie aus der Mode kommen. Wie Liebende aller Zeitalter – von Romeo und Julia bis zu Charles und Camilla – bestätigen können, ist es höchst peinlich, wenn romantisches Schlafzimmergeflüster in aller Welt bekannt wird.

Links: Illustration aus einem Manuskript des *Kamasutra* aus dem 18. Jahrhundert

Kapitel 2

Erfindungs-reichtum

Wie findige Mönche, Diplomaten und Papstberater die Kryptologie auf den Kopf stellten. Außerdem: die ersten beamteten Codeknacker

Mit der Häufigkeitsanalyse war die Sicherheit, die einfache Verschlüsselungsmethoden zuvor geboten hatten, dahin. Wer jetzt noch die monoalphabetische Substitution nutzte, musste stets damit rechnen, dass die Nachrichten entschlüsselt und vom Feind gelesen wurden.

Die Codeknacker – seinerzeit waren praktisch ausschließlich Männer in diesem Metier tätig – hatten nun also einen Vorteil, aber der währte nicht lange. In Europa hatten mehrere scharfsinnige Amateure bereits die nächste Entwicklung in Gang gesetzt und eine Form der Verschlüsselung geschaffen, die den Methoden zur Zählung der Buchstabenhäufigkeit weitaus größeren Widerstand entgegensetzte.

Päpstliche Verschlüsselung

Diese neue Form der Verschlüsselung lässt sich auf den Vatikan zurückführen. Sie entsprang dem außergewöhnlichen Geist von Leon Battista Alberti, illegitimer Sohn eines reichen Florentiners. Alberti war ein wahrer Renaissancemensch: Seine Begabungen umfassten Architektur, Kunst, Wissenschaft und Justiz. Außerdem war er allen Berichten zufolge ein hochbegabter Codeknacker. Eines Tages ging Alberti mit seinem Freund, dem Papstsekretär Leonardo Dati, in den vatikanischen Gärten spazieren, und dabei kamen sie auf Chiffren zu sprechen. Dati räumte

Gegenüber: Der Renaissancemensch Leon Battista Alberti, ein begabter Codeknacker und Erfinder der Chiffrierscheibe.

ein, der Vatikan müsse verschlüsselte Nachrichten verschicken – und Alberti versprach, dabei zu helfen. Aus diesem Anlass, so scheint es, schrieb er im oder um das Jahr 1467 einen Aufsatz, der die Grundlagen für eine ganz neue Verschlüsselungsschrift legte. Er erklärte darin sehr eindeutig die Häufigkeitsanalyse und nannte verschiedene Methoden der Entschlüsselung. Außerdem beschrieb er ein Verschlüsselungssystem mit zwei konzentrischen Metallscheiben, die jeweils entlang ihres Umfangs in 24 gleiche Segmente geteilt waren. Die Segmente der äußeren Scheibe enthielten die Buchstaben des Alphabets und die Zahlen 1 bis 4 (**h**, **k** und **y** ließ er weg, und **j**, **u** und **w** kamen im damals verwendeten lateinischen Alphabet ohnehin nicht vor). Die Abschnitte des inneren Kreises enthielten die 24 Buchstaben des lateinischen Alphabets (ohne **U**, **W** und **J**, aber zusätzlich mit **et** = und) in zufälliger Reihenfolge. Wenn man einen verschlüsselten Brief verschicken wollte, las man die Buchstaben oder Zahlen des Klartextes auf der äußeren Platte ab und ersetzte sie dann durch die entsprechenden Buchstaben der inneren Platte. Absender:in und Empfänger:in mussten identische Scheiben besitzen und sich darüber einigen, welche Anfangsposition die beiden Scheiben relativ zueinander einnahmen.

Oben: Eine Chiffrierscheibe aus dem 19. Jahrhundert, aufgebaut nach Albertis Entwurfskonzept.

Bis zu diesem Schritt handelt es sich einfach um eine monoalphabetische Substitution. In seinem nächsten Absatz vollzog Alberti aber einen genialen weiteren Schritt: „Wenn ich drei oder vier Wörter geschrieben habe“, schrieb er, „ändere ich die Position des Index in unserer Formel, indem ich an dem Kreis drehe.“ Das mag sich nicht nach etwas Besonderem anhören, aber es hat wichtige Folgen. Für die ersten Buchstaben könnte beispielsweise der Schlüsseltext **k** auf dem inneren Kreis einem **f** im Klartext entsprechen, aber wenn man die Scheiben gegeneinander verdreht, steht das **k** des Schlüsseltextes plötzlich für **t** oder einen beliebigen anderen Buchstaben.

Diese Methode macht es Codeknacker:innen bedeutend schwerer. Jede neue Position der Scheiben erzeugt neue Beziehungen zwischen Schlüssel- und Klartext, das heißt (um ein Beispiel aus der englischen Sprache zu nehmen), das Wort *cat* wird in einem Fall zu **gdi** und in einem anderen zu **alx**. Damit war die Häufigkeitsanalyse weit weniger erfolgreich anzuwenden.

Zusätzlich nutzte Alberti die Zahlen auf dem äußeren Ring als eine Art chiffrierten Code. Bevor er den Klartext verschlüsselte, ersetzte er bestimmte Formulierungen nach einem kleinen Codebuch durch Kombinationen der Zahlen von 1 bis 4. Diese Zahlen wurden dann zusammen mit der übrigen Nachricht verschlüsselt. Albertis bemerkenswerte Leistungen brachten ihm den Titel „Vater der abendländischen Kryptologie" ein. Aber die Evolution der Kryptografie war auch damit nicht zu Ende; der nächste Entwicklungsschritt polyalphabetischer Systeme entsprang der Feder einer ebenso herausragenden Geistesgröße.

Die Tabelle des Trithemius

Der Abt Johannes Trithemius (Johannes von Trittenheim) verfasste das weltweit erste gedruckte Buch über Kryptografie. Er war, gelinde gesagt, eine umstrittene Gestalt, denn er interessierte sich für Okkultismus, was in seinem Freundeskreis zu Bestürzung und bei anderen zu Empörung führte. Seine *Polygraphia,* ein Mammutwerk über das Handwerk der Kryptografie, erschien Anfang des 16. Jahrhunderts, nach seinem Tod, als sechsbändige Reihe. Seine Arbeit formulierte erstmals die heutige Standardmethode zur Erstellung polyalphabetischer Substitutionssysteme, die „quadratische Tafel" oder *Tabula recta* (siehe Seite 48–49).

In den nachfolgenden Jahrzehnten des 16. Jahrhunderts machten die Ideen, die hinter der polyalphabetischen Substitution standen, eine weitere Verfeinerung durch; der Mann, dessen Name dauerhaft mit der quadratischen Tabelle als Form der Verschlüsselung in Verbindung gebracht wurde, war der 1523 geborene Franzose Blaise de Vigenère.

Vigenère war ein französischer Diplomat. Mit der Kryptografie kam er erstmals 1549 im Alter von 26 Jahren in Kontakt, als er sich auf einer zweijährigen Mission in Rom befand. In dieser Zeit las er die Werke von Alberti, Trithemius und anderen wichtigen Autoren, und vielleicht lernte er im Vatikan auch einige Entschlüsselungsexperten kennen. Ungefähr 20 Jahre später zog sich Vigenère vom Leben bei Hofe zurück und begann zu schreiben. Eines seiner mehr als 20 Bücher ist die berühmte, 1586 erstmals erschienene *Traicté des chiffres.*

DIE GEHEIMNISSE DER ROSSLYN CHAPEL: VERBORGENE BEDEUTUNGEN IN ARCHITEKTUR UND MUSIK

In der Geschichte haben Künstlerinnen und Künstler ihre Werke immer wieder mit Bedeutungen, Codes und Symbolen angereichert. Mozart nahm nach heutiger Kenntnis beispielsweise Anspielungen auf die Freimaurerei in einige Opern auf, und die Gemälde von Leonardo da Vinci scheinen oftmals voller subtiler Nebenbedeutungen und Symbole zu sein.

Auch in der Architektur finden sich Werke mit geheimen Botschaften. Das vielleicht rätselhafteste derartige Bauwerk steht in dem Dorf Roslin südlich der schottischen Hauptstadt Edinburgh. Dort findet sich eine außergewöhnliche Kirche namens *Rosslyn Chapel* (Rosslyn-Kapelle).

Der Grundstein für die Kirche wurde am Tag des heiligen Matthäus 1446 gelegt. Sie ist reichhaltig mit Codes und verborgenen Nachrichten ausgestattet, die Besucher:innen schon seit Jahrhunderten in ihren Bann ziehen. Ihre Hauptattraktion ist die *Apprentice Pillar* (Lehrlingssäule), die mit einem charakteristischen, hübsch gemeißelten spiralförmigen Ornamentband versehen ist.

Nach Ansicht mancher Experten stellen diese Säule und ihr Gegenstück, die sogenannte *Master Pillar* (Meistersäule), die Säulen Jachin und Boas dar, die am Eingang des ersten Tempels von Jerusalem standen. Der Architrav, der die Säulen verbindet, trägt die lateinische Inschrift *Forte est vinum fortior est rex fortiores sunt mulieres super omnia vincit veritas* (Wein ist stark, ein König ist stärker, Frauen sind noch stärker, aber die Wahrheit besiegt sie alle). Das Zitat stammt aus dem dritten Kapitel des 3. Buches Esra der biblischen Apokryphen.

Die Kirche steht auch in einer langjährigen Verbindung zur Freimaurerei und der Legende zufolge zu den Tempelrittern. Überall in der Kirche finden sich Bezüge zum Schlüssel des Hiram, einem wichtigen Teil der Freimaurerlegende; in neuerer Zeit wurde das Bauwerk für Zeremonien der modernen Tempelritter genutzt, einer Gruppe der Freimaurer.

Wegen der Verbindungen zur Freimaurerei und Gerüchten über geheime Gewölbe unter dem Fußboden wurde auch vermutet, die Kirche könne die letzte Bewahrstätte des Heiligen Grals sein. Der Legende zufolge sollen irgend-

Gegenüber: Die berühmte Lehrlingssäule

Oben: Das Gewölbe der Rosslyn Chapel aus gemeißeltem Stein

wo auf dem Anwesen drei mittelalterliche Truhen vergraben sein, aber Bodenscans und Ausgrabungen in der Kirche und ihrer Umgebung förderten nichts zutage.

Im Jahr 2005 gelang es dem schottischen Komponisten Stuart Mitchell, eine komplizierte Reihe von Codes zu entschlüsseln, die sich in 213 Würfelformen an der Decke verbergen. Nachdem Mitchell 20 Jahre über dem Problem gebrütet hatte, fand er heraus, dass das Muster der Würfel ein Musikstück darstellt, das für 13 Musiker geschrieben wurde. Der ungewöhnliche Klang soll für die Erbauer von besonderer spiritueller Bedeutung gewesen sein.

Der Schlüssel zur Aufklärung lag in der Entdeckung, dass die Steine an den Sockeln der zwölf Säulen eine Kadenz bilden – drei Akkorde am Ende eines Musikstücks. Im 15. Jahrhundert waren nur drei Typen solcher Kadenzen bekannt oder in Gebrauch.

Im Oktober 2005 sagte Mitchell der Zeitung *The Scotsman:* „Es ist ein Dreiertakt, hört sich kindlich an und basiert auf dem Cantus planus, dem zu jeder Zeit allgemein gebräuchlichen Rhythmus. Im 15. Jahrhundert gab es keine genauen Tempoangaben, also habe ich mich entschlossen, es über sechseinhalb Minuten laufen zu lassen, es könnte sich aber auch auf acht Minuten ausdehnen."

Anweisungen, welche Musiker das Stück spielen sollten, gibt das Bauwerk selbst. Über jeder Säule sind Musikerfiguren mit mittelalterlichen Instrumenten zu sehen – darunter Dudelsäcke, Pfeifen, eine Trompete, ein Blasinstrument mit Tasten, eine Gitarre und Sänger. Der Musiker aus Edinburgh bezeichnete das Stück als *The Rossly Canon of Proportions* (Der Rosslyn-Kanon der Proportionen).

Codeanalyse
Die Tabula recta des Trithemius

Die Abbildung auf der Seite gegenüber zeigt eine Tabelle, wie sie von Trithemius beschrieben wurde, mit dem vollständigen englischen Alphabet. Er hatte die Idee, eine Tabelle mit 26 Spalten und 26 Zeilen anzulegen. Jede Zeile enthält ein Alphabet in der üblichen Reihenfolge, aber dieses Alphabet ist in jeder nachfolgenden Zeile nach der Caesar-Verschiebung um eine Stelle verschoben.

Um eine verschlüsselte Nachricht zu erstellen, sollte man nach Trithemius' Vorstellung die erste Zeile zur Verschlüsselung des ersten Buchstaben verwenden, die zweite Reihe für die Verschlüsselung des zweiten, und so weiter. Was die Verschleierung gegenüber der Häufigkeitsanalyse angeht, bot Trithemius' Methode gegenüber der von Alberti beträchtliche Vorteile. Insbesondere beseitigte sie Buchstabenwiederholungen innerhalb eines Wortes, die für Codeknacker:innen ein wichtiger Hinweis sein können.

Angenommen, wir wollten die Nachricht *„all is well"* (alles ist gut) mit Trithemius' Methode verschlüsseln. Dazu verwenden wir die oberste Zeile der Tabelle als Klartext, und mit jedem Buchstaben nutzen wir nacheinander die darunterliegenden Zeilen zur Erstellung des verschlüsselten Textes. Um uns klarzumachen, wie das funktioniert, können wir die Tabelle auf der gegenüberliegenden Seite benutzen. Für den ersten Buchstaben des Klartextes, das **a**, nehmen wir einen Buchstaben aus der ersten Zeile. Für den zweiten verfolgen wir die Spalte, an deren oberem Ende das **l** steht, bis zur zweiten Zeile. Für das nachfolgende **l** gehen wir zur dritten Zeile. Der Vorgang setzt sich fort, bis die Nachricht verschlüsselt ist.

Die verschlüsselte Nachricht lautet also AMN LW BKST. Dabei fällt auf, dass die beiden doppelten **l** in dem verschlüsselten Text nicht als Buchstabenwiederholungen auftauchen.

Die Tabelle des Trithemius

a	b	c	d	e	f	g	h	i	j	k	l	m	n	o	p	q	r	s	t	u	v	w	x	y	z
b	c	d	e	f	g	h	i	j	k	l	m	n	o	p	q	r	s	t	u	v	w	x	y	z	a
c	d	e	f	g	h	i	j	k	l	m	n	o	p	q	r	s	t	u	v	w	x	y	z	a	b
d	e	f	g	h	i	j	k	l	m	n	o	p	q	r	s	t	u	v	w	x	y	z	a	b	c
e	f	g	h	i	j	k	l	m	n	o	p	q	r	s	t	u	v	w	x	y	z	a	b	c	d
f	g	h	i	j	k	l	m	n	o	p	q	r	s	t	u	v	w	x	y	z	a	b	c	d	e
g	h	i	j	k	l	m	n	o	p	q	r	s	t	u	v	w	x	y	z	a	b	c	d	e	f
h	i	j	k	l	m	n	o	p	q	r	s	t	u	v	w	x	y	z	a	b	c	d	e	f	g
i	j	k	l	m	n	o	p	q	r	s	t	u	v	w	x	y	z	a	b	c	d	e	f	g	h
j	k	l	m	n	o	p	q	r	s	t	u	v	w	x	y	z	a	b	c	d	e	f	g	h	i
k	l	m	n	o	p	q	r	s	t	u	v	w	x	y	z	a	b	c	d	e	f	g	h	i	j
l	m	n	o	p	q	r	s	t	u	v	w	x	y	z	a	b	c	d	e	f	g	h	i	j	k
m	n	o	p	q	r	s	t	u	v	w	x	y	z	a	b	c	d	e	f	g	h	i	j	k	l
n	o	p	q	r	s	t	u	v	w	x	y	z	a	b	c	d	e	f	g	h	i	j	k	l	m
o	p	q	r	s	t	u	v	w	x	y	z	a	b	c	d	e	f	g	h	i	j	k	l	m	n
p	q	r	s	t	u	v	w	x	y	z	a	b	c	d	e	f	g	h	i	j	k	l	m	n	o
q	r	s	t	u	v	w	x	y	z	a	b	c	d	e	f	g	h	i	j	k	l	m	n	o	p
r	s	t	u	v	w	x	y	z	a	b	c	d	e	f	g	h	i	j	k	l	m	n	o	p	q
s	t	u	v	w	x	y	z	a	b	c	d	e	f	g	h	i	j	k	l	m	n	o	p	q	r
t	u	v	w	x	y	z	a	b	c	d	e	f	g	h	i	j	k	l	m	n	o	p	q	r	s
u	v	w	x	y	z	a	b	c	d	e	f	g	h	i	j	k	l	m	n	o	p	q	r	s	t
v	w	x	y	z	a	b	c	d	e	f	g	h	i	j	k	l	m	n	o	p	q	r	s	t	u
w	x	y	z	a	b	c	d	e	f	g	h	i	j	k	l	m	n	o	p	q	r	s	t	u	v
x	y	z	a	b	c	d	e	f	g	h	i	j	k	l	m	n	o	p	q	r	s	t	u	v	w
y	z	a	b	c	d	e	f	g	h	i	j	k	l	m	n	o	p	q	r	s	t	u	v	w	x
z	a	b	c	d	e	f	g	h	i	j	k	l	m	n	o	p	q	r	s	t	u	v	w	x	y

Verschlüsselte Nachricht *„all is well"* (alles ist gut)

A	b	c	d	e	f	g	h	i	j	k	l	m	n	o	p	q	r	s	t	u	v	w	x	y	z
b	c	d	e	f	g	h	i	j	k	l	**M**	n	o	p	q	r	s	t	u	v	w	x	y	z	a
c	d	e	f	g	h	i	j	k	l	m	**N**	o	p	q	r	s	t	u	v	w	x	y	z	a	b
d	e	f	g	h	i	j	k	**L**	m	n	o	p	q	r	s	t	u	v	w	x	y	z	a	b	c
e	f	g	h	i	j	k	l	m	n	o	p	q	r	s	t	u	v	**W**	x	y	z	a	b	c	d
f	g	h	i	j	k	l	m	n	o	p	q	r	s	t	u	v	w	x	y	z	a	**B**	c	d	e
g	h	i	j	**K**	l	m	n	o	p	q	r	s	t	u	v	w	x	y	z	a	b	c	d	e	f
h	i	j	k	l	m	n	o	p	q	r	**S**	t	u	v	w	x	y	z	a	b	c	d	e	f	g
i	j	k	l	m	n	o	p	q	r	s	**T**	u	v	w	x	y	z	a	b	c	d	e	f	g	h

EIN BUCH VOLLER RÄTSEL: DAS VOYNICH-MANUSKRIPT

Oben: Eine Seite aus dem Voynich-Manuskript

Im Jahr 1639 schrieb der Prager Alchemist Georg Baresch einen Brief an den angesehenen Jesuiten und Gelehrten Athanasius Kircher und bat ihn um Hilfe bei der Entschlüsselung eines Buches, das ihn schon seit Jahren vor Rätsel stellte. Es schien etwas mit Alchemie zu tun zu haben, aber es war in einer geheimnisvollen, unverständlichen Schrift verfasst.

Baresch wusste, dass Kircher die ägyptischen Hieroglyphen „entschlüsselt“ hatte, und hoffte, dieser werde auch die Geheimnisse des rätselhaften Buches lüften können; also schickte er Abschriften davon nach Rom. Aber Kircher wurde aus dem Buch genauso wenig schlau wie Baresch.

In den seither verstrichenen mehr als 360 Jahren hat sich gezeigt, dass das Scheitern den beiden Gelehrten aus dem 17. Jahrhundert nicht peinlich sein musste. Das Voynich-Manuskript – der Name geht auf den polnischen Buchliebhaber Wilfrid Voynich zurück, der es 1912 wiederentdeckte – ist bis heute im Wesentlichen ein Rätsel geblieben.

Das 22,5 mal 16 Zentimeter große Buch besteht aus 232 Seiten. Fast alle sind reichhaltig mit Sternen, Pflanzen und Menschengestalten illustriert. Auf manchen Seiten bildet der Text eine Spirale, auf anderen ist er um die Ränder der Seite in Blöcken angeordnet. In vielen Fällen scheinen Wörter regelrecht in Zwischenräume gequetscht, die nach dem Aufbringen einer komplizierten Zeichnung noch übrig waren.

Seit das Voynich-Manuskript im zweiten Jahrzehnt des letzten Jahrhunderts wieder ausgegraben wurde, hat es die Aufmerksamkeit einiger der besten Kryptoanalytiker:innen der Welt auf sich gezogen, unter anderem die von William F. Friedman, der bekannt wurde, weil er den Code der japanischen Verschlüsselungsmaschine Purple knackte; er versuchte gegen Ende des Zweiten Weltkrieges in einem Feierabendclub von Kryptoanalytiker:innen der US-Armee, das Manuskript zu entschlüsseln. Das amerikanische Team scheiterte wie so viele andere.

56

Oben: Natur und Alchemie, verschlüsselt im Voynich-Manuskript.

Damit soll nicht gesagt werden, dass nicht mehr oder weniger fadenscheinige „Lösungen" verkündet wurden. Manchen Vermutungen zufolge soll das Buch Entdeckungen und Erfindungen des Geistlichen Roger Bacon aus dem 13. Jahrhundert enthalten. Andere glauben, es sei ein Gebetbuch der Katharer, das der Zerstörung durch die Inquisition entging und in einer germanischen oder romanischen Kreolsprache verfasst wurde.

Andere Autoren vermuten, das Buch könne ein elaborierter Scherz sein – in einem Kauderwelsch abgefasst; dagegen sprechen allerdings die Länge und Komplexität des Textes, aber auch die Wiederholungsmuster der verwendeten Buchstaben.

Nach mehr als drei Jahrhunderten hat das Buch nichts von seinem Reiz verloren. René Zandbergen, ehemals Wissenschaftler der Europäischen Weltraumorganisation ESA, ist seit 15 Jahren von dem Text fasziniert. Spannend ist für ihn vor allem, dass es aussieht, als müsse es einfach zu entschlüsseln sein, und dass es dennoch so vielen klugen Köpfen ein Schnippchen geschlagen hat. Zandbergen bezeichnet sich selbst nicht als Kryptoanalytiker, dennoch hat er einige Geheimnisse des Manuskripts gelüftet. Unter anderem ist er auf eine Korrespondenz gestoßen, die Licht auf dessen Geschichte wirft. Nach seiner Ansicht ist das Buch höchstwahrscheinlich sinnlos, ein unsinniger Text, der auf die Zeit vor 500 Jahren oder mehr zurückgeht. „Wenn es kein Scherz ist, kann ich mir nur vorstellen, dass die Wörter in dem Buch einem Zahlensystem ähneln", sagt er. Dann wären sie keine Chiffre, sondern eher ein Code. In diesem Fall müsste man zur Entschlüsselung das Codebuch oder eine andere in einer alten

Oben: Ein Teil des Voynich-Manuskripts mit botanischen Zeichnungen von Kräutern.

europäischen Bibliothek verborgene Dokumentation finden.

Aber es besteht Hoffnung, dass das Voynich-Manuskript endlich seine Geheimnisse preisgibt. Stephen Bax, Professor für Angewandte Linguistik an der University of Bedfordshire in Großbritannien, machte sich 2014 mit einer neuen Methode an die Entschlüsselung. Er bestimmte die botanischen Zeichnungen, so gut es ging, brachte sie mit den Namen der Pflanzen in Verbindung und stellte dann die Frage, ob sich daraus ein Schlüsselalphabet ableiten ließ.

Bax schlug vor, die Informationen in dem Manuskript mit einem solchen „von unten nach oben gerichteten" Bottom-up-Verfahren und nicht mit hochentwickelten Computerprogrammen zu verarbeiten, denn mit ähnlichen Methoden hatte man auch bei der Entschlüsselung der ägyptischen Hieroglyphen und bei Linear B Erfolg gehabt. Er hatte andere botanische Manuskripte aus dem Mittelalter analysiert und die Vermutung aufgestellt, dass der Name einer abgebildeten Pflanze als erstes Wort in der ersten Textzeile auf derselben Seite auftaucht. In seinem ersten Versuch betrachtete er die Seiten 15 und 16 des Manuskripts.

Dabei fiel ihm auf, dass wiederholt ein Text vorkommt, der in der bekanntesten Transkription als OROR wiedergegeben wird. Bax vermutete, dies könne das arabische oder hebraische Wort *arar* (Wacholder) sein, und die Abbildung zeige einen Stech-Wacholder *(Juniperus oxycedrus).* Aufbauend auf dieser Erkenntnis, schlug er auf der Grundlage der entsprechenden Sprachlaute neun weitere Wörter und zusätzliche 14 Symbole und Gruppen mit annähernden Lautwerten vor. Außerdem vermutete Bax, die Identifizierung dieser Wörter sei ein Zeichen, dass es sich bei dem Voynich-Manuskript um eine komplizierte Abhandlung mit Beschreibungen der Natur handle.

Leider verstarb Bax 2017, und seine Entschlüsselungsbemühungen endeten vor der Zeit. Seine Arbeiten am Manuskript werden jedoch von anderen fortgesetzt.

Codeanalyse
Polyalphabetische Substitution

Oben: Der französische Diplomat und Kryptograf Blaise de Vigenère (1523–1596)

Mit seinem Buch vollzog Vigenère einen weiteren wichtigen Schritt zur Entwicklung polyalphabetischer Substitutionschiffren: Er schlug mehrere Schlüssel vor, mit deren Hilfe man entscheiden konnte, welche Zeilen einer Tabelle man zur Verschlüsselung einer Nachricht benutzt. Statt einfach reihum die verschiedenen Schlüsselalphabete durchzugehen, nutzt die Person, die eine Nachricht abschickt, diese in einer festgelegten Reihenfolge: Dient beispielsweise das Wort *cipher* (Chiffre) als Schlüssel, werden die Tabellenzeilen, die mit **c**, **i**, **p**, **h**, **e** und **r** beginnen, nacheinander zum Dechiffrieren der Nachricht verwendet.

Um eine Nachricht auf diese Weise zu verschlüsseln, schreibt man den Klartext und darüber in Wiederholungen das Schlüsselwort. Jeder Buchstabe der Nachricht wird mit der Tabellenzeile verschlüsselt, die mit dem entsprechenden Buchstaben des Schlüsselwortes beginnt:

Schlüssel	c	i	p	h	e	r	c	i	p	h	e	r	c	i
Klartext	a	v	o	i	d	n	o	r	t	h	p	a	s	s
Chiffretext	C	D	D	P	H	E	Q	C	I	O	T	S	Q	A

Angenommen, der Klartext lautet *„avoid north pass“* (nördlichen Pass meiden). Um den ersten Buchstaben **a** zu chiffrieren, nutzt man die Zeile, die mit **c** beginnt.

Zu diesem Zweck sieht man in der Tabelle gegenüber in der Spalte nach, an deren oberen Ende der Buchstabe **a** steht, und fährt mit dem Finger abwärts bis zum Schnittpunkt mit der Zeile, die mit **c** beginnt. Damit erhält man ein **C** im chiffrierten Text. Für den zweiten Buchstaben der Nachricht geht man genauso vor – man fährt in der Spalte, die mit **v** beginnt, abwärts, bis man die Zeile erreicht, an deren erster Stelle der Buchstabe **i** steht. So erhält man ein **D**.

Polyalphabetische Ersetzungschiffren lassen sich mit einer einfachen Häufigkeitsanalyse nicht entschlüsseln, aber man erhält dennoch wertvolle Hinweise auf die Verschlüsselung, wenn man die Häufigkeit der Buchstaben im chiffrierten Text ermittelt. Um ein sich wiederholendes Schlüsselwort ausfindig zu machen, sucht man nach sich wiederholenden Buchstabenfolgen im chiffrierten Text.

Polyalphabetische Chiffren

a	b	c	d	e	f	g	h	i	j	k	l	m	n	o	p	q	r	s	t	u	v	w	x	y	z
b	c	d	e	f	g	h	i	j	k	l	m	n	o	p	q	r	s	t	u	v	w	x	y	z	a
C	d	e	f	g	h	i	j	k	l	m	n	o	p	q	r	s	t	u	v	w	x	y	z	a	b
d	e	f	g	h	i	j	k	l	m	n	o	p	q	r	s	t	u	v	w	x	y	z	a	b	c
e	f	g	h	i	j	k	l	m	n	o	p	q	r	s	t	u	v	w	x	y	z	a	b	c	d
f	g	h	i	j	k	l	m	n	o	p	q	r	s	t	u	v	w	x	y	z	a	b	c	d	e
g	h	i	j	k	l	m	n	o	p	q	r	s	t	u	v	w	x	y	z	a	b	c	d	e	f
h	i	j	k	l	m	n	o	p	q	r	s	t	u	v	w	x	y	z	a	b	c	d	e	f	g
i	j	k	l	m	n	o	p	q	r	s	t	u	v	w	x	y	z	a	b	c	**D**	e	f	g	h
j	k	l	m	n	o	p	q	r	s	t	u	v	w	x	y	z	a	b	c	d	e	f	g	h	i
k	l	m	n	o	p	q	r	s	t	u	v	w	x	y	z	a	b	c	d	e	f	g	h	i	j
l	m	n	o	p	q	r	s	t	u	v	w	x	y	z	a	b	c	d	e	f	g	h	i	j	k
m	n	o	p	q	r	s	t	u	v	w	x	y	z	a	b	c	d	e	f	g	h	i	j	k	l
n	o	p	q	r	s	t	u	v	w	x	y	z	a	b	c	d	e	f	g	h	i	j	k	l	m
o	p	q	r	s	t	u	v	w	x	y	z	a	b	c	d	e	f	g	h	i	j	k	l	m	n
p	q	r	s	t	u	v	w	x	y	z	a	b	c	d	e	f	g	h	i	j	k	l	m	n	o
q	r	s	t	u	v	w	x	y	z	a	b	c	d	e	f	g	h	i	j	k	l	m	n	o	p
r	s	t	u	v	w	x	y	z	a	b	c	d	e	f	g	h	i	j	k	l	m	n	o	p	q
s	t	u	v	w	x	y	z	a	b	c	d	e	f	g	h	l	j	k	l	m	n	o	p	q	r
t	u	v	w	x	y	z	a	b	c	d	e	f	g	h	i	j	k	l	m	n	o	p	q	r	s
u	v	w	x	y	z	a	b	c	d	e	f	g	h	i	j	k	l	m	n	o	p	q	r	s	t
v	w	x	y	z	a	b	c	d	e	f	g	h	i	j	k	l	m	n	o	p	q	r	s	t	u
w	x	y	z	a	b	c	d	e	f	g	h	i	j	k	l	m	n	o	p	q	r	s	t	u	v
x	y	z	a	b	c	d	e	f	g	h	i	j	k	l	m	n	o	p	q	r	s	t	u	v	w
y	z	a	b	c	d	e	f	g	h	i	j	k	l	m	n	o	p	q	r	s	t	u	v	w	x
z	a	b	c	d	e	f	g	h	i	j	k	l	m	n	o	p	q	r	s	t	u	v	w	x	y

Polyalphabetische Chiffren

a	b	c	d	e	f	g	h	i	j	k	l	m	n	o	p	q	r	s	t	u	v	w	x	y	z
b	c	d	e	f	g	h	i	j	k	l	m	n	o	p	q	r	s	t	u	v	w	x	y	z	a
C	d	e	f	g	h	i	j	k	l	m	n	o	p	q	r	s	t	u	v	w	x	y	z	a	b
d	e	f	g	h	i	j	k	l	m	n	o	p	q	r	s	t	u	v	w	x	y	z	a	b	c
e	f	g	h	i	j	k	l	m	n	o	p	q	r	s	t	u	v	w	x	y	z	a	b	c	d
f	g	h	i	j	k	l	m	n	o	p	q	r	s	t	u	v	w	x	y	z	a	b	c	d	e
g	h	i	j	k	l	m	n	o	p	q	r	s	t	u	v	w	x	y	z	a	b	c	d	e	f
h	i	j	k	l	m	n	o	p	q	r	s	t	u	v	w	x	y	z	a	b	c	d	e	f	g
i	j	k	l	m	n	o	p	q	r	s	t	u	v	w	x	y	z	a	b	c	**D**	e	f	g	h

Das Zeitalter der Schwarzen Kammern

Die Vigenère-Chiffre ist beträchtlich schwieriger zu knacken als monoalphabetische Substitutionen. Dennoch wissen Historiker:innen, die sich mit Kryptografie beschäftigen, dass polyalphabetische Chiffren über Jahrhunderte keine weite Verbreitung fanden. In der großen Mehrzahl der Fälle behaupteten Nomenklatoren ihren Platz als Methode der Wahl, vermutlich weil die polyalphabetischen Chiffren zwar sehr sicher, in der Praxis aber aufwendig und fehleranfällig waren.

Einer der geschicktesten Kryptografen aller Zeiten baute auf der Konstruktion raffinierter Nomenklatoren eine lange, erfolgreiche Karriere auf. Antoine Rossignol, 1600 geboren, entwickelte sich zu Frankreichs erstem Vollzeit-Kryptologen. Rossignol war eine zentrale Gestalt am Hof des Königs Ludwig XIII. und wurde vorwiegend durch seine Tätigkeit als versiertester Kryptoanalytiker Europas berühmt; er war aber auch ein begabter Kryptograf.

Oben:
Ludwig XIII. (1601–1643), genannt „der Gerechte", war von 1610 bis 1643 französischer König.

Der König und sein Hofstaat wurden erstmals 1626 auf ihn aufmerksam, als er sehr schnell einen Brief entschlüsselte, den man einem Boten beim Verlassen der belagerten Stadt Réalmont abgenommen hatte. Bei der Entschlüsselung stellte sich heraus, dass die hugenottischen Streitkräfte, die die Stadt unter Kontrolle hatten, verzweifelt Nachschub brauchten und an der Schwelle zur Kapitulation standen. Er wurde entschlüsselt an die Bürger:innen der Stadt zurückgegeben, die sich daraufhin ergab, was der königlichen Armee einen unerwartet leichten Sieg verschaffte.

Ein solches Geschenk wussten Ludwig und seine Generäle sehr zu schätzen. Als Rossignol immer und immer wieder seinen Wert unter Beweis stellte, wurde er mit Privilegien und Geld überhäuft. Ludwig XIII. sagte auf dem Sterbebett zu seiner Königin, Rossignol gehöre zu den Männern, die für das Wohl des Staates am notwendigsten seien.

Sein offensichtlich hohes Ansehen sicherte Rossignol auch einen Platz am Hof von Ludwigs Nachfolger, dem „Sonnenkönig" Ludwig XIV., der den Kryptografen reicher machte als je zuvor.

Codeknacker – Vater und Sohn

Auch Antoines Sohn Bonaventure verschaffte sich als Kryptograf hohes Ansehen. Gemeinsam entwickelten die beiden die „Große Chiffre“, eine Art weiterentwickelte monoalphabetische Substitution, die besonders widerstandsfähig gegen die Entschlüsselung war. In der Chiffre wurden nicht einzelne Buchstaben, sondern Silben ersetzt, und sie umfasste auch eine Reihe von Kunstgriffen, darunter eine Codegruppe, die „ignoriere die vorangegangene Codegruppe“ bedeutete.

Mit der Großen Chiffre wurden eine Zeit lang die allergeheimsten Nachrichten des Königs verschlüsselt, aber nach dem Tod von Antoine und Bonaventure Rossignol nutzte man sie nicht mehr, und die Einzelheiten des Systems gerieten in Vergessenheit. Die Chiffre widerstand der Entschlüsselung so gut, dass sie über viele Generationen nicht geknackt wurde, und das wiederum hatte zur Folge, dass man viele chiffrierte Briefwechsel aus den königlichen Archiven nicht lesen konnte.

Erst 1890 gelangte eine neue Reihe von Briefen, die mit der Großen Chiffre geschrieben waren, in die Hände des Kommandanten Étienne Bazeries, eines weiteren angesehenen französischen Kryptoanalytikers. Er arbeitete drei Jahre an einer Lösung und durchschaute schließlich die Chiffre, als er die Vermutung anstellte, eine bestimmte Abfolge sich wiederholender Zahlen, nämlich 124-22-125-46-345 könne für *les ennemis* (die Feinde) stehen. Ausgehend von diesem kleinen Anhaltspunkt konnte er die gesamte Chiffre auflösen. Nebenbei bemerkt, kennen Historiker:innen Bazeries auch als Erfinder einer eigenen Zylinder-Verschlüsselungsmaschine mit 20 Rotoren, auf denen jeweils 25 Buchstaben des Alphabets standen. Das System wurde vom französischen Militär abgelehnt, 1922 aber von der US-Armee übernommen.

Die großen Erfolge von Vater und Sohn Rossignol machten den französischen Herrschern nur allzu klar, dass abgefangene, verschlüsselte Nachrichten konkurrierender Mächte von großem Wert waren. Auf Drängen der beiden richtete das Land eine der ersten Behörden ein, die gezielt dieser Aufgabe gewidmet war. Dort, im *Cabinet Noir* (Schwarze Kammer), war ein Team französischer Codeknacker seit 1700 damit beschäftigt, die Nachrichten ausländischer Diplomaten abzufangen und zu lesen.

Das war noch nicht alles: Im 18. Jahrhundert wurde die institutionalisierte Kryptoanalyse überall in Europa gängige Praxis. Am berühmtesten wurde zweifellos die „Geheime Kabinetts-Kanzlei“, eine entsprechende Einrichtung in Wien.

Die Wiener Schwarze Kammer wurde während der Herrschaftszeit der Kaiserin Maria Theresia gegründet, der einzigen weiblichen Herrscherin in der 650-jährigen Geschichte der Habsburgerdynastie, und war für ihre unnachahmliche Effizienz bekannt. Diese war auch dringend erforderlich: Wien war im 18. Jahrhundert eine Drehscheibe von Handel und Diplomatie, und durch die Postämter der Stadt liefen jeden Tag große Mengen von Briefen. Die Schwarze Kammer machte sich diese Aktivität so gut wie möglich zunutze. Jeder Postsack, der an eine der örtlichen Botschaften geliefert werden sollte, wurde zuerst gegen 7 Uhr morgens in die Schwarze Kammer gebracht; dort lasen Angestellte die Briefe, schrieben die wichtigen Teile ab, versiegelten die Briefe wieder und schickten sie in die Zustellung um 9 Uhr 30. Postsendungen, die einfach durch die Stadt liefen, wurden ähnlich behandelt – allerdings langsamer.

Sämtliche verschlüsselten Nachrichten wurden einer geschickten Analyse unterworfen – die Wiener Kammer betrieb ein regelrechtes Ausbildungsprogramm für angehende Kryptoanalytiker (trotz Kaiserin waren es praktisch nur Männer) und sicherte damit einen stetigen Nachschub an gut ausgebildeten Profis, mit denen die Kaiserin ihren Gegnern stets einen Schritt voraus war.

Zur gleichen Zeit gab es auch in Großbritannien eine Einrichtung zur Kryptoanalyse, die listigerweise als *Deciphering Branch* (Dechiffrierabteilung) bezeichnet wurde. Diese staatliche Behörde war gleichzeitig eine Art Familienunternehmen: Beherrscht wurde sie von dem Geistlichen und späteren Bischof von St. Davids Edward Willes und seinen Söhnen.

Die Willes-Männer und ihre „Entschlüsslerkollegen" erhielten abgefangene Briefe vom Secret Office und vom Private Office, zwei Spionageabteilungen des Postdienstes. Durch ihre Arbeiten erfuhren der britische König und die Regierung von Machenschaften in Frankreich, Österreich, Spanien, Portugal und anderen Ländern. Die Erkenntnisse, die aus den verschlüsselten Briefen entnommen wurden, informierten die Regierung beispielsweise darüber, dass Spanien sich im Siebenjährigen Krieg mit Frankreich gegen England verbündet hatte.

Aber nicht nur Briefe aus anderen Ländern wurden regelmäßig geöffnet. Wenig später stellten Politiker fest, dass auch ihre eigene Korrespondenz überwacht wurde.

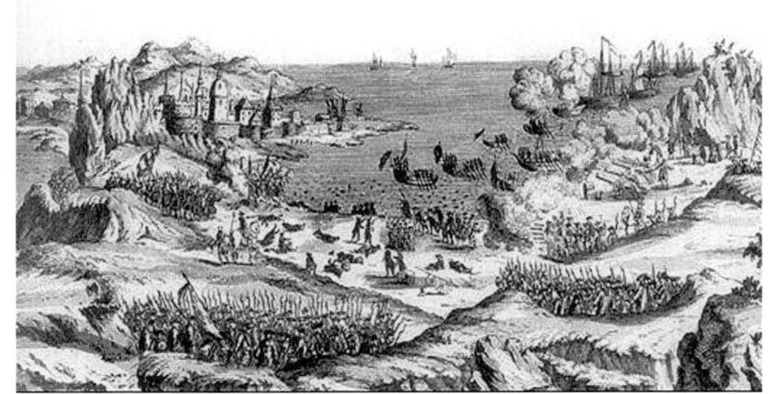

Links: Die Landung der französischen Armee auf St. John's in Neufundland während des Siebenjährigen Krieges. Mit ihrer neu gegründeten „Dechiffrierabteilung" konnte Großbritannien während des Krieges entscheidende Informationen abfangen.

Ende des 19. Jahrhunderts schrieb Herbert Joyce in seinem Buch *The History of the Post Office from its establishment down to 1836* (Die Geschichte der Post von ihrer Gründung bis 1836):

> *„Schon 1735 beschwerten sich Parlamentsabgeordnete, ihre Briefe trügen offenkundige Anzeichen dafür, dass sie im Postamt geöffnet worden waren. Sie behaupteten, ein solches Öffnen sei mittlerweile häufig und werde zu einer notorisch schlechten Angewohnheit … Es sickerte durch, dass es im Postamt ein privates Büro gab, das vom Generalpostmeister unabhängig war, unter unmittelbarer Leitung des Staatsministers stand und ausdrücklich zu dem Zweck unterhalten wurde, Briefe zu öffnen und zu überprüfen. Eigentlich wurde behauptet, solche Tätigkeiten würden sich auf Briefe aus dem Ausland beschränken, aber in Wirklichkeit gab es keine solche Einschränkung … Im Juni 1742 wurden diese schändlichen Tatsachen durch den Bericht eines Ausschusses des Unterhauses bekannt."*

Durch die geschickte Tätigkeit der Schwarzen Kammern stieg der Druck, polyalphabetische Chiffren wie die von Vigenère zu benutzen. Wenig später nahm dieser Druck durch den technischen Fortschritt um ein Vielfaches zu. Das Zeitalter der elektrischen Kommunikation, das nun heraufdämmerte, veränderte alles.

Oben: Die dramatische Geschichte beflügelte die Fantasie von Künstlerinnen und Künstlern.

DER MANN MIT DER EISERNEN MASKE

Das Geheimnis des Mannes mit der eisernen Maske inspiriert Künstler:innen schon seit Jahrhunderten. Die Geschichte führte aber auch zu einem wichtigen Durchbruch in der Geschichte der Kryptoanalyse.

Alles begann 1698, als ein geheimnisvoller Mann in der Bastille inhaftiert wurde. Er war mindestens seit 1687 Gefangener der französischen Regierung, aber während der ganzen Zeit war sein Gesicht hinter einer Maske verborgen gewesen. Anscheinend wusste niemand, wer er war, woher er kam oder welches Verbrechen er begangen hatte.

Als einer der Ersten erzählte der Schriftsteller und Philosoph Voltaire in seinem Buch *Siècle de Louis XIV* die Geschichte des gesichtslosen Mannes. Er berichtete, man habe einen maskierten Häftling aus dem Gefängnis auf der Insel Sainte-Marguerite, wo er zuvor in der Festung Pignerol inhaftiert war, in das Gefängnis gebracht, und dort sei er 1703 im Alter von ungefähr 60 Jahren gestorben.

Voltaire selbst war 1717 ein Jahr lang in der Bastille gefangen. Er ließ einige vielsagende Andeutungen fallen, wonach es sich bei dem Mann um den Bruder von Ludwig XIV. handelte – er sei ebenso alt gewesen wie der König und habe eine auffallende Ähnlichkeit mit einer berühmten Person gehabt. Alexandre Dumas äußerte in seinem Roman im Wesentlichen die gleiche Vermutung, und der Mythos hielt sich hartnäckig, obwohl der begabte Kryptologe Étienne Bazeries im 19. Jahrhundert einige verblüffende Indizien ans Tageslicht brachte. Als er die Große Chiffre Ludwigs XIV. knackte, indem er herausfand, dass die Gruppen von Chiffrezahlen bestimmten Silben im Text entsprachen, legte er ganz plötzlich viele Geheimnisse offen. Jetzt konnte man eine Fülle hochkarätiger Korrespondenz aus dem Königshof entschlüsseln.

Eines Tages analysierte er eine Sendung aus dem Juli 1691. Darin wurde berichtet, der König sei zutiefst unzufrieden mit einem Kommandanten, der die Belagerung einer norditalienischen Stadt aufgehoben hatte, was zu einer Niederlage der französischen Armee führte. In dem Brief wurde angeordnet, den Verantwortlichen der Niederlage Vivien L'Abbé, Seigneur du Bulonde, festzunehmen; Soldaten sollten ihn „in die Festung von Pignerol überführen, und dort, so wünscht Seine Majestät, soll er nachts in einer Zelle dieser Festung eingeschlossen werden und tagsüber die Freiheit haben, auf den Festungsmauern spazieren zu gehen, und zwar mit einer 330 309".

Die beiden Zahlengruppen am Ende der Nachricht tauchten nirgendwo sonst in dem Brief auf – also vollzog Bazeries einen Sprung ins Ungewisse und entschied, sie müssten für das Wort *masque* und den Punkt am Ende des Satzes stehen.

Ist der Brief eine falsche Spur? Wie steht es mit den Vermutungen, wonach Bulonde 1703 noch am Leben war? Andere Kandidaten für den Mann mit der eisernen Maske sind unter anderem der Duc de Beaufort und der Comte de Vermandois, ein leiblicher Sohn Ludwigs XIV.

Offensichtlich war Bazeries zu weit gesprungen. Vielleicht ist die Identität des Mannes mit der eisernen Maske eines jener Geheimnisse, die uns noch für einige Zeit in Atem halten werden.

Kapitel 3

Scharfsinn

Die technische Entwicklung führte in der Kryptologie zu weiteren Umwälzungen, aber viele Chiffren bleiben ungelöst.

Morsecode · Playfair-Chiffre · Autokey-Chiffre

Mitte des 19. Jahrhunderts stand dem Fachgebiet der Kryptologie eine weitere große Umwälzung bevor. Der Auslöser war dieses Mal eine neue Form der technischen Kommunikation, und die zwang Kryptografen (auch zu dieser Zeit war die Profession noch eine Männerdomäne), aber auch einige Amateur:innen des Fachs, neue Wege zur Geheimhaltung ihrer Nachrichten zu suchen.

Die Revolution begann 1844, als der amerikanische Erfinder Samuel Morse die erste Telegrafenleitung baute. Sie erstreckte sich über eine Entfernung von fast 60 Kilometern zwischen Baltimore in Maryland und Washington, D.C. Am 24. März des Jahres schickte Morse ein Telegramm mit einem berühmten Bibelspruch – *„What hath God wrought"* (Was Gott vollbracht hat) – aus den Räumen des Obersten Gerichtshofs in Washington an seinen Assistenten Alfred Vail in Baltimore.

Im ursprünglichen Morsecode wäre die Nachricht so übertragen worden:

.-- .... .- -   .... .- - ....   --. --- -..   .-- .-. --- ..- --. .... -

Als Morse die Nachricht abschickte, bewies er der Welt, dass elektrische Kommunikation über große Entfernungen möglich ist, und damit trat er eine Revolution los, die auf die Gesellschaft ungeheure Auswirkungen haben sollte.

Gegenüber: Samuel Morse (1791–1872), der Erfinder des Morsecodes

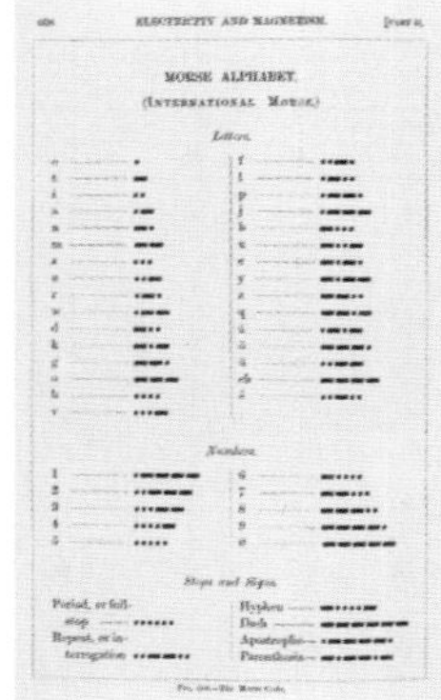

ELECTRICITY AND MAGNETISM.

MORSE ALPHABET.

(INTERNATIONAL MORSE.)

Letters.

Numbers.

Stops and Signs.

Period, or full-stop

Repeat, or interrogation

Hyphen

Dash

Apostrophe

Parenthesis

Oben: Das Morsealphabet. Aus Amédée Guillemin, *Electricity and Magnetism* (1891).

Rechts: Übermittlung einer Nachricht mit einem frühen Morseapparat (um 1845).

Es dauerte nicht lange, bis Geschäftsleute die neuen technischen Möglichkeiten nutzten, um fast augenblicklich einen Handel abzuschließen; Zeitungen sammelten mit ihrer Hilfe schneller neue Nachrichten, und Ministerien bedienten sich ihrer für die Kommunikation mit dem In- und Ausland. Schon wenige Jahrzehnte später durchzog ein Netzwerk von Telegrafenkabeln die Ozeane und verband alle Kontinente, was eine nahezu augenblickliche weltweite Kommunikation ermöglichte.

Aber bei aller Geschwindigkeit hatte der Telegraf auch einen empfindlichen Nachteil: Morse hatte das Morsealphabet entwickelt, ein System aus kurzen und langen Impulsen, mit dem man Nachrichten durch sein System versenden konnte, aber sein Codebuch war öffentlich einsehbar – damit war der Morsecode nutzlos, wenn man Geheimnisse bewahren wollte.

Das Problem bestand darin, dass die Telegrafenbeamten die Nachricht lesen mussten, um sie übermitteln zu können. Diese Herausforderung regte etliche Privatleute dazu an, sich eigene, angeblich „undurchschaubare" Chiffren auszudenken. Der Klartext der Nachricht wurde mit dieser oder jener Methode verschlüsselt, und der umgewandelte Text dann von

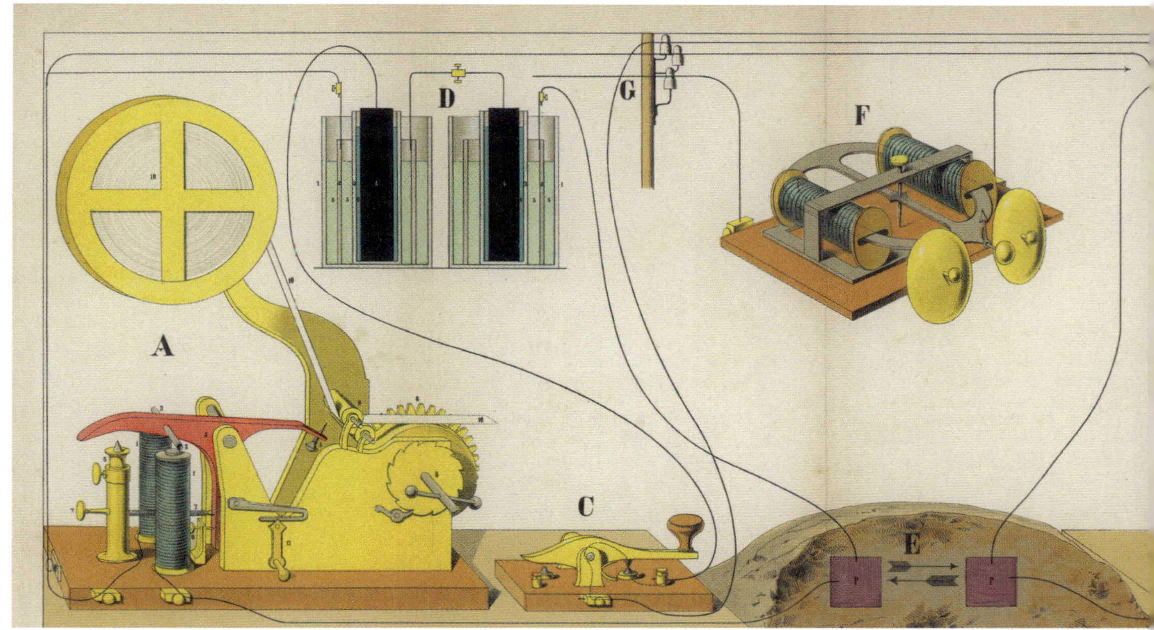

Oben: Ein Morse-Telegrafenapparat (um 1882). A ist die Sendestation; C ist der „Schlüssel", der die Kontaktunterbrechungen erzeugt, und F ist die Empfangsstation, die Klopfgeräusche produziert.

einem Telegrafenbediensteten in die Punkte und Striche des Morsecodes umgesetzt, ohne dass dieser die wahre Bedeutung der Nachricht kannte. Wenig später gab es eine Fülle privater Geheimschriftsysteme, die diesen Bedarf befriedigten. Viele davon waren von Amateur:innen entwickelt worden.

Auch das Militär übernahm die neuen technischen Möglichkeiten. Aus taktischen Gründen gab man Codes oder Nomenklatoren auf, weil es zu schwierig war, sie an eine Fülle von Telegrafenstationen weiterzugeben. Schon nach kurzer Zeit wurden wichtige militärische Nachrichten mit der alten polyalphabetischen Vigenère-Chiffre verschlüsselt, der „unknackbaren" *chiffre indéchiffrable*.

Dem Telegrafen gebührt also das Verdienst, in der Kryptografie für eine Revolution gesorgt zu haben. Das Gerät schuf nicht nur die Möglichkeit, verschlüsselte Nachrichten in einem Augenblick über Tausende von Kilometern zu übertragen, sondern sorgte auch dafür, dass Chiffren nach 450-jähriger Vorherrschaft von Codes und Nomenklatoren wieder in Mode kamen.

Liebesaffären und literarische Chiffren

Der Telegraf veranlasste Generäle, Diplomaten und Geschäftsleute, durch Verschlüsselung für die Geheimhaltung ihrer Telegramme zu sorgen. Aber die neu geweckte Faszination, die nun von der Kryptografie ausging, beschränkte sich nicht auf die großen Angelegenheiten von Staat oder Wirtschaft. Ungefähr zur gleichen Zeit machten sich auch ganz gewöhnliche Männer und Frauen mit Chiffren vertraut und setzten Verschlüsselungen ein, damit ihre persönlichen Nachrichten nur von den beabsichtigten Empfänger:innen gelesen werden konnten.

In der viktorianischen Zeit stellten junge Verliebte verschlüsselte Nachrichten in der Rubrik „Persönliches" der Zeitungen ein – die Rubrik wurde in Anspielung auf die amourösen Leiden auch als *agony column* (Rubrik der Qualen) bezeichnet –, um so ihre Beziehung vor den missbilligenden Blicken von Eltern und anderen zu verbergen. Die Verliebten nutzten in der Regel recht einfache Codes und Chiffren, und Amateur-Kryptoanalytiker:innen machten sich einen Spaß daraus, die Nachrichten zu entschlüsseln und ihre Inhalte offenzulegen.

Die berühmten Kryptologen Charles Wheatstone und Lyon Playfair machten sich beispielsweise sonntagsnachmittags ein Vergnügen daraus, solche Nachrichten zu entschlüsseln. Die beiden Freunde gingen gemeinsam auf der Londoner Hammersmith Bridge spazieren und arbeiteten die Rubrik der *Times* mit den persönlichen Nachrichten durch.

Einmal entschlüsselten sie die Nachrichten eines Studenten aus Oxford und seiner Angebeteten. Als der Student vorschlug, sie sollten durchbrennen, nahm Wheatstone die Sache selbst in die Hand und gab in der Chiffre des Paares eine eigene Annonce auf, in der er die beiden drängte, von ihrem törichten Plan abzulassen. Wenig später folgte eine weitere Nachricht: „Lieber Charlie! Schreibe nichts mehr. Unsere Chiffre wurde geknackt!"

Das wachsende öffentliche Interesse an der Kryptografie zeigt sich auch in der Literatur des 19. Jahrhunderts. Ein Beispiel ist William Makepeace Thackeray, der in seinem 1852 erschienenen Werk *The History of Henry Esmond* (deutscher Titel *Die Geschichte des Henry Esmond, Esq.*) eine steganografische Methode benutzt. Das von ihm verwendete Verfahren ist als Cardan-Gitter bekannt und wird auf Gerolamo Cardano zurückgeführt, einen italienischen Arzt aus dem 16. Jahrhundert. Dabei schneidet man mehrere rechteckige Stücke von der Höhe einer Textzeile aus einem Stück kräftigen Papiers oder Pappe heraus. Um eine Nachricht mit einem Cardan-Gitter zu verschlüsseln, legt man die Pappe mit den hineingeschnittenen Löchern über ein leeres Blatt Papier und schreibt den Schlüsseltext in die Aussparungen. Dann entfernt man das Gitter und ergänzt den Rest der Seite mit harmlos klingendem Text. Um die Nachricht zu entschlüsseln, legt man ein Gitter mit der gleichen Lochanordnung auf das Papier und kann die verborgene Nachricht lesen. Solche Cardan-Gitter waren noch im Zweiten Weltkrieg in Gebrauch.

Unten: Der italienische Mathematiker und Gelehrte Girolamo Cardano (1501–1576), Erfinder des Cardan-Gitters.

DER GENIALE PROFESSOR BABBAGE

Die faszinierendste Gestalt unter allen, die sich im 19. Jahrhundert in der Kryptologie versuchten, war zweifellos Charles Babbage. In Erinnerung blieb er nicht nur, weil er die Standard-Postgebühren erfand und die ersten zuverlässigen versicherungsmathematischen Tabellen zusammenstellte, sondern auch, weil er einen Geschwindigkeitsmesser baute und weil er entdeckte, dass die Breite der Baumringe vom Wetter des jeweiligen Jahres abhängt.

Am berühmtesten wurde er jedoch als einer der Väter des mechanischen Rechnens. In seiner Autobiografie erinnert er sich an einen Tag im Jahr 1812, als er in den Räumlichkeiten der Analytical Society von Cambridge saß, ganz versunken in eine Logarithmentafel, die er vor sich aufgeschlagen hatte. „Ein anderes Mitglied der Gesellschaft kam ins Zimmer, und als er mich im Halbschlaf sah, rief er: ‚Na, Babbage, wovon träumen Sie?', und ich antwortete: ‚Ich überlege, dass man diese ganzen Tabellen (wobei ich auf die Logarithmen zeigte) mit Maschinen berechnen könnte.'"

Anfang der 1820er-Jahre hatte er den Plan zum Bau einer Maschine entwickelt, die solche Tabellen mit einem hohen Maß an Genauigkeit berechnen konnte. Er bezeichnete seine Konstruktion als *Difference Engine,* Differenzmaschine, und berechnete, dass sie 25 000 Einzelteile mit einem Gesamtgewicht von 15 Tonnen erfordern würde. Aber obwohl er ungefähr 17 000 englische Pfund von der Regierung erhielt und auch Tausende an eigenem Geld in das Projekt investierte, wurde es nie vollendet.

Ungefähr zur gleichen Zeit, als die Arbeit an der Differenzmaschine zum Stillstand kam, entwickelte Babbage eine noch bemerkenswertere Idee: Eine „analytische Maschine", die *Analytical Engine,* sollte in der Lage sein, ganz unterschiedliche Probleme zu lösen. Mit Gedankenspielen zu diesem Vorläufer der programmierbaren Computer beschäftigte er sich bis zu seinem Tod im Jahr 1871.

Babbage war 1792 geboren, und seine Begeisterung für Mathematik entstand anscheinend schon in seiner frühen, von einer labilen Gesundheit geprägten Jugend. Außerdem hatte er schon frühzeitig ein Interesse an Kryptoanalyse entwickelt, einem Hobby, das, wie er später berichtete, bei seinen älteren Schulkameraden manchmal gewalttätiges Missfallen auslöste: „Die älteren Jungen erfanden manchmal Chiffren, aber wenn ich nur ein paar Wörter davon zu fassen bekam, fand ich in der Regel den Schlüssel", schrieb er. „Dieser Scharfsinn hatte hin und wieder schmerzhafte Folgen: Manchmal verprügelten mich die Erfinder der gelösten Chiffren, obwohl der Fehler doch nur in ihrer eigenen Dummheit lag."

Die Schläge hielten ihn aber nicht davon ab, sich für das Fachgebiet zu interessieren, und als Erwachsener wurde er offensichtlich zu einer Art Gesellschafts-Kryptoanalytiker. Im Jahr 1850 löste er beispielsweise eine Chiffre von Henrietta Maria, Frau von König Charles I., und einem Biografen half er beim Entziffern einer Notiz, die John Flamsteed, Englands erster Königlicher Astronom, in Kurzschrift verfasst hatte. Im Jahr 1854 bat ihn ein Anwalt um Hilfe beim Entschlüsseln der Geheimschrift in einigen Briefen, die er als Beweise in einem Gerichtsverfahren brauchte. Heute ist er dafür

Oben: Eine analytische Maschine von 1834

bekannt, dass er in der Lage war, angeblich unlösbare polyalphabetische Chiffren zu dechiffrieren. Wie so viele Konzepte, die er erdachte, blieb auch seine kryptologische Arbeit weitgehend unveröffentlicht. Manche vermuteten, dass seine Erkenntnisse auf Betreiben des britische Geheimdienstes geheim gehalten wurden, weil dieser sie nutzte, um die Kommunikation feindlicher Kräfte zu entschlüsseln.

Zur gleichen Zeit arbeitete in Preußen der pensionierte Offizier Friedrich Kasiski an einer Methode, um polyalphabetische Chiffren mit sich wiederholenden Schlüsseln zu knacken. Er veröffentlichte 1863 ein kurzes, aber folgenschweres Buch mit dem Titel *Die Geheimschriften und die Dechiffrir-Kunst.* Darin skizzierte er eine allgemeine Methode zur Entschlüsselung von Chiffren, die Kryptoanalytiker:innen jahrhundertelang Rätsel aufgegeben hatten: „Sodann sucht man die Wiederholungen von zwei und mehreren Chiffren auf […] zählt ihre Entfernung voneinander […] und zerlegt die Zahlen in ihre Faktoren […] kommt der Faktor 5 am häufigsten vor, [muss] der Schlüssel demnach […] 5 Buchstaben enthalten." (F. W. Kasiski, *Die Geheimschriften und die Dechiffrir-Kunst,* Berlin: E. S. Mittler und Sohn 1863, S. 41.)

Codeanalyse
Die Autokey-Chiffre

Babbage ist auch deshalb in Erinnerung geblieben, weil er die erste Lösung für Vigenères schwierige Autokey-Chiffre fand, bei der die Klartextnachricht in den Schlüssel aufgenommen wird. Um eine Nachricht mit einem Autokey zu schreiben, kann man den Schlüssel mit einem kurzen Schlüsselwort beginnen lassen, und dann folgt der Text der Nachricht. Das System hat den Vorteil, dass Sender:in und Empfänger:in nur das kurze erste Schlüsselwort kennen müssen, und die Schwächen einer Chiffre mit einem sich wiederholenden Schlüsselwort werden vermieden.

Angenommen, wir wollten die Nachricht *„begin the attack at dawn"* (Starten Sie den Angriff im Morgengrauen) verschicken, und das Schlüsselwort soll *rosemary* lauten. Es ergibt sich der Schlüssel *rosemarybegintheattackatdawn.* Wie bei jeder anderen Chiffrierung mit der Vigenère-Tabelle stehen in der obersten Reihe die Klartext-Buchstaben (siehe S. 55). Von dort fährt man mit dem Finger in der jeweiligen Spalte nach unten, bis man zu der Reihe kommt, die mit dem Schlüsselbuchstaben beginnt.

Für den Schlüssel **r** und das **b** aus dem Klartext lautet der Schlüsseltext **S**, denn dieser Buchstabe findet sich am Schnittpunkt der Zeile **r** und der Spalte **b**.

Schlüssel	r o s e m a r y	b e g i n	t h e	a t t a
Klartext	b e g i n t h e	a t t a c	k a t	d a w n
Chiffretext	S S Y M Z T Y C	B X Z I P	D H X	D T P N

Daraus ergibt sich der Chiffretext SSYMZTYCBXZIPDHXDTPN.

Für alle vorgesehenen Empfänger:innen der Nachricht (oder für alle, die das Schlüsselwort *rosemary* kennen) ist die Dechiffrierung der Nachricht sehr einfach. Zuerst dechiffriert man die Buchstaben aus dem Klartext, die mit dem Wort *rosemary* chiffriert wurden. Zu diesem Zweck stellt man fest, wo der Buchstabe des Chiffretextes in den Zeilen, die mit den einzelnen Buchstaben des Schlüsselwortes beginnen, auftaucht. Für den ersten Buchstaben sucht man in der Zeile, die mit **r** beginnt, und findet den Buchstaben **S**. Dann sieht man nach, welcher Klartextbuchstabe am oberen Ende der betreffenden Spalte steht – in diesem Fall ist es ein **b**.

Hat man den Abschnitt des Chiffretextes entwirrt, der *rosemary* entspricht, hat man den ersten Teil der Nachricht *„begin the"*. Diese acht Buchstaben nutzt man nun als Schlüssel zum Dechiffrieren der nächsten acht Buchstaben des Chiffretextes. Das Verfahren wiederholt man so lange, bis man die Nachricht lesen kann.

Entscheidend ist, dass man herausfindet, wie lang der Schlüssel ist, denn mit seiner Hilfe kann man während der Kryptoanalyse den Chiffretext über so viele Spalten hinweg anordnen, wie der Schlüssel Buchstaben hat.

Jede dieser Spalten kann dann als Chiffretext einer monoalphabetischen Substitution gelesen werden. Statt eine Nachricht zu dechiffrieren, die mit einer unbekannten Zahl verschiedener Chiffrealphabete verschlüsselt wurde, weiß man plötzlich, welche Buchstaben des Chiffretextes mit demselben Alphabet chiffriert wurden. Gruppiert man diese Buchstaben entsprechend, kann man sie der Häufigkeitsanalyse unterwerfen und weitere Kunstgriffe anwenden, mit denen man monoalphabetische Chiffren knacken kann. Das ganze Verfahren wurde unter dem Namen Kasiski-Test bekannt.

Ein Beispiel ist der folgende Chiffretext. Er wurde einem Handbuch des US-Militärs über Chiffren entnommen:

FNPDM GJRMF FTFFZ IQKTC LGHAS EOSIM PVLZF LJEWU WTEAH EOZUA
NBHNJ SXFFT JNRGR KOEXP GZSEY XHNFS EZAGU EORHZ XOMRH ZBLTF
BYQDT DAKEI LKSIP UYKSX BTERQ QTWPI SAOSF TQKTS QLZVE EYVAW
JSNFB IFNEI OZJNR RFSPR TWHNJ ROJSI UOCZB GQPLI STUAE KSSQT
EFXUJ NFGKO UHLZF HPRYV TUSCP JDJSE BLSYU IXDSJ JAEVF KJNQF
FIFMP EHYQD

Im ersten Schritt sucht man nach sich wiederholenden Buchstabenfolgen, die im Idealfall mindestens drei Buchstaben lang sind. Sie sind in dem Text oben unterstrichen. Als Nächstes analysiert man, wie weit die Wiederholungssequenzen voneinander entfernt sind, wobei man vom Anfang der ersten Folge bis zum Buchstaben vor der nächsten zählt.

Jetzt muss man für diese Entfernungen die möglichen Faktoren berechnen:

Wiederholungen	**Abstand (Anzahl Stellen)**	**Mögliche Faktoren**
FFT	48	3, 4, 6, 8, 12
QKT	120	3, 4, 5, 6, 8, 10, 12
LZF	180	3, 4, 6, 10, 12, 15
HNJ	12	3, 4, 5, 6, 8, 10, 12
JNR	102	3, 6
RHZ	6	3, 6

Codeanalyse
Die Autokey-Chiffre

Als einzige Faktoren sind 3 und 6 allen Wiederholungsfolgen gemeinsam; im nächsten Schritt schreibt man also den Chiffretext jeweils in drei und in sechs Spalten. Dabei geht man davon aus, dass jede Textspalte mit einem Chiffrealphabet verschlüsselt wurde. In sechs Spalten aufgeschrieben, sieht der Chiffretext so aus:

1	2	3	4	5	6
F	N	P	D	M	G
J	R	M	F	F	T
F	F	Z	I	Q	K
T	C	L	G	H	A
S	E	O	S	I	M
P	V	L	Z	F	L
J	E	W	U	W	T
E	A	H	E	O	Z
U	A	N	B	H	N
J	S	X	F	F	T
J	N	R	G	R	K
O	E	X	P	G	Z
S	E	Y	X	H	N
F	S	E	Z	A	G
U	E	O	R	H	Z
X	O	M	R	H	Z
B	L	T	F	B	Y
Q	D	T	D	A	K
E	I	L	K	S	I
P	U	Y	K	S	X
B	T	E	R	Q	Q
T	W	P	I	S	A
O	S	F	T	Q	K
T	S	Q	L	Z	V
E	E	Y	V	A	W
J	S	N	F	B	I
F	N	E	I	O	Z
J	N	R	R	F	S
P	R	T	W	H	N
J	R	O	J	S	I
U	O	C	Z	B	G
Q	P	L	I	S	T
U	A	E	K	S	S
Q	T	E	F	X	U
J	N	F	G	K	O
U	H	L	Z	F	H
P	R	Y	V	T	U
S	C	P	J	D	J
S	E	B	L	S	Y
U	I	X	D	S	J
J	A	E	V	F	K
J	N	Q	F	F	I
F	M	P	E	H	Y
Q	D				

Jetzt können wir die Buchstaben in den einzelnen Spalten einer Häufigkeitsanalyse unterziehen. Dabei erhalten wir für die erste Spalte:

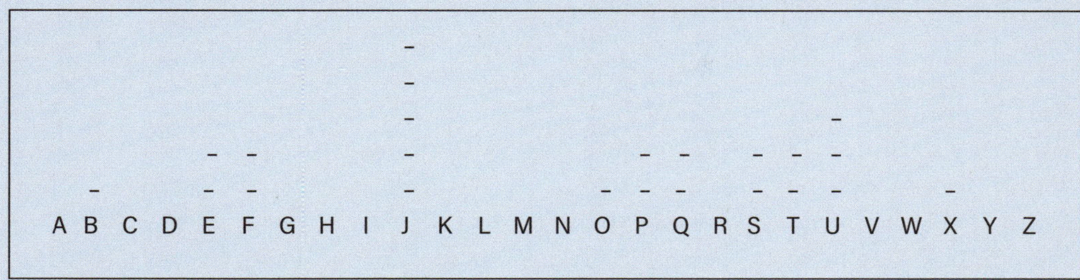

Wer in der Kryptoanalyse geübt ist, erkennt in dieser Häufigkeitsverteilung einige Anhaltspunkte. Könnte das **J**, der häufigste Buchstabe, anstelle des **e** stehen? Andererseits gibt es charakteristische Häufungen von **OPQ** und **STU**, diese stehen also vielleicht für **nop** und **rst** – einem Teil der normalen Verteilungsmuster im englischen Klartext (siehe Abb. S. 25). Wenn das stimmt, repräsentiert das **B** im Chiffretext ein **a** im Klartext, und so weiter. Wiederholt man das gleiche Verfahren in der zweiten Spalte, erhält man ein anderes Bild:

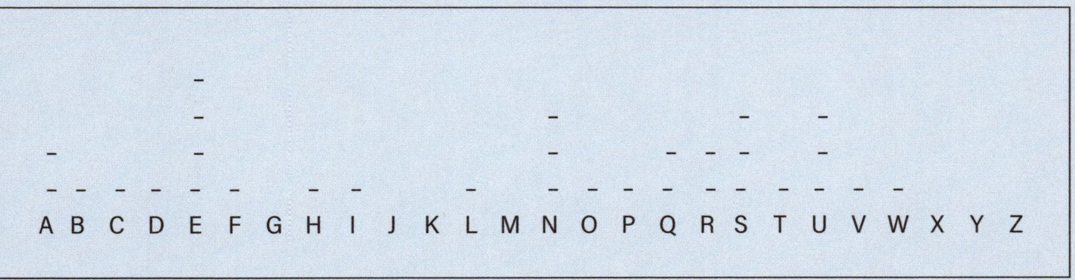

Dieses Muster erinnert stark an die normalen Buchstabenhäufigkeiten. Vielleicht sind hier Schlüsseltext- und Chiffretext-Buchstaben identisch?

Wenn man erste Vermutungen darüber anstellt, welche Verschlüsselung an den einzelnen Buchstaben des Chiffretextes stattgefunden hat, kann man Buchstaben rücksubstituieren und nachsehen, ob sie zu einem Wortsinn führen.

So weit haben wir nun Grund zur Annahme, dass an den Buchstaben in der ersten Spalte eine Verschiebung um eine Stelle vorgenommen wurde und dass die in der zweiten überhaupt nicht verändert wurden. Wenn wir außerdem davon ausgehen, dass in der fünften Spalte eine Verschiebung um 14 Stellen stattfand, tauchen Wortfragmente auf. Die ersten Buchstaben lauten beispielsweise **en_ _y**, was ein Teil des Wortes *enemy* (Feind) sein könnte.

Codeanalyse
Die Autokey-Chiffre

Wenn das erste Wort des Klartextes tatsächlich *„enemy"* lautet, wurde die dritte Spalte des Textes um elf Stellen (von **e** nach **P**) verschoben und die vierte Spalte um 17 Stellen (von **m** nach **D**). Ob diese Vermutungen stimmen, können wir überprüfen, indem wir die gleiche Verschiebung an den nächsten Buchstaben des Chiffretextes vornehmen. Damit erhalten wir ein Bruchstück des Klartextes mit *„enemy_irbor_eforc_"* (siehe unten), was als Teil der Formulierung *„enemy airborne force"* einen Sinn ergeben würde. Dann wiederum kann man vermuten, dass es sich bei dem ersten Klartextbuchstaben in Spalte 6 um ein **a** handelt, das möglicherweise auf einer Verschiebung um sechs Stellen zu **G** beruht. Auf diese Weise kann man Stück für Stück die Lösung zusammensetzen.

Bisher deuten unsere Vermutungen (die Verschiebungsfolge 1, 0, 11, 17, 14, 6) darauf hin, dass der Text mit einer Vigenère-Chiffre und dem Schlüsselwort BALROG verschlüsselt wurde. Jetzt können wir eine Tabelle anlegen und die Dechiffrierung beschleunigen (siehe S. 75).

1	**2**	**3**	**4**	**5**	**6**
e F	n N	P	D	y M	G
i J	r R	M	F	r F	T
e K	f F	Z	c I	Q	K
s T	c C	L	t G	H	A
r S	e E	O	S	u I	M
o P	v V	L	r Z	F	L
l J	e E	i W	U	i W	T
d E	a A	H	E	a O	Z
t U	a A	N	t B	H	N
l J	s S	X	r F	F	T
l J	n N	R	d G	R	K
n O	e E	X	s P	G	Z
r S	e E	Y	t X	H	N
e F	s S	E	m Z	A	G

Die sechs Alphabete, mit denen die Nachricht chiffriert wurde, sind aufgeschrieben und beginnen jeweils mit einem Buchstaben des Schlüsselwortes. Für den ersten Buchstaben der Nachricht nutzt man das erste Alphabet. Man geht diese Zeile durch, bis man im Chiffretext das **F** findet, und liest dann den Klartextbuchstaben am oberen Ende der Spalte, in diesem Fall ein **e**. Nach dem gleichen Muster dechiffriert man den zweiten Buchstaben des Chiffretextes mit dem zweiten Alphabet, den dritten mit dem dritten Alphabet, und so weiter. Für den siebten Buchstaben kehren wir wieder zum Alphabet Nummer 1 zurück:

	a	b	c	d	e	f	g	h	i	j	k	l	m	n	o	p	q	r	s	t	u	v	w	x	y	z
1	B	C	D	E	F	G	H	I	J	K	L	M	N	O	P	Q	R	S	T	U	V	W	X	Y	Z	A
2	A	B	C	D	E	F	G	H	I	J	K	L	M	N	O	P	Q	R	S	T	U	V	W	X	Y	Z
3	L	M	N	O	P	Q	R	S	T	U	V	W	X	Y	Z	A	B	C	D	E	F	G	H	I	J	K
4	R	S	T	U	V	W	X	Y	Z	A	B	C	D	E	F	G	H	I	J	K	L	M	N	O	P	Q
5	O	P	Q	R	S	T	U	V	W	X	Y	Z	A	B	C	D	E	F	G	H	I	J	K	L	M	N
6	G	H	I	J	K	L	M	N	O	P	Q	R	S	T	U	V	W	X	Y	Z	A	B	C	D	E	F

Der vollständige Klartext lautet dann (die Kombination **pd** steht hier für *period* und markiert das Ende eines Satzes):

> *„enemy airborne forces captured bugov airfield in dawn attack this morning pd enemy strength estimated at two battalions pd immediate counter attacks were unsuccessful pd enemy is concentrating armor in third sector in apparent attempt to join up with airborne forces pd request immediate reinforcements pd.* (Feindliche Luftlandetruppen haben heute in der Morgendämmerung den Flugplatz Bugov eingenommen. Stärke des Feindes wird auf zwei Bataillone geschätzt. Sofortige Gegenangriffe waren erfolglos. Feind konzentriert Panzer im dritten Sektor in einem offensichtlichen Versuch, sich mit den Luftlandetruppen zu vereinigen. Bitte um sofortige Verstärkung).

DIE PLAYFAIR-CHIFFRE

In den ersten Wochen des Jahres 1854 war Lyon Playfair, ein schottischer Wissenschaftler und Parlamentsabgeordneter, bei einem Abendessen in der High Society zu Gast. Im Laufe des Abends beschrieb Playfair den anderen Gästen eine neue Form der Chiffre, die sein Freund Charles Wheatstone zur Sicherung der telegrafischen Kommunikation entwickelt hatte. Die Chiffre bediente sich zum ersten Mal der digrafischen Substitution, das heißt, die Buchstaben wurden nicht einzeln, sondern jeweils in Zweiergruppen ausgetauscht.

Will man diese Verschlüsselung anwenden, wählt man zuerst ein Schlüsselwort, das sowohl Absender:in als auch Empfänger:in der Nachricht kennt – beispielsweise *square* (Quadrat). Dann schreibt man in einem Quadrat von 5 × 5 Feldern das Schlüsselwort auf (wobei man alle wiederholten Buchstaben weglässt), gefolgt von den restlichen Buchstaben des Alphabets in ihrer Reihenfolge und mit **I** und **J** zusammengefasst als Einheit:

S	Q	U	A	R
E	B	C	D	F
G	H	IJ	K	L
M	N	O	P	T
V	W	X	Y	Z

Um die Nachricht zu chiffrieren, unterteilt man den Klartext in Zweiergruppen. Doppelbuchstaben müssen durch ein **x** getrennt werden, und ein **x** fügt man auch hinzu, um einen einzelnen letzten Buchstaben in eine Zweiergruppe zu verwandeln. Das Wort *common* (gewöhnlich) wird also zu **co mx mo nx**.

Die Buchstabenpaare, die man erhält, lassen sich jeweils in eine von drei Kategorien einordnen: Beide Buchstaben stehen in derselben Reihe, beide Buchstaben stehen in derselben Spalte, oder keines von beiden trifft zu.

Bei Buchstabenpaaren, die in derselben Reihe stehen, werden die Buchstaben jeweils gegen den Buchstaben rechts daneben ausgetauscht – aus **np** wird also **OT**. Dabei werden die Zeilen zyklisch betrachtet, sodass der Buchstabe „rechts“ vom **r** im Quadrat das am vorderen Ende stehende **S** ist.

Nach dem gleichen Prinzip werden Buchstaben von Buchstabenpaaren, die in derselben Spalte stehen, durch den unmittelbar unter ihnen stehenden Buchstaben ersetzt.

Klartext-Buchstaben, die weder in derselben Reihe noch in derselben Spalte stehen, werden jeweils durch den Buchstaben ersetzt, der in derselben Reihe in der Spalte steht, zu der der zweite Buchstabe gehört. Auf diese Weise wird **ep** zu **DM**.

Digrafische Substitutionschiffren wie die von Playfair kann man unter anderem dadurch entschlüsseln, dass man im Chiffretext nach den häufigsten Zweiergruppen sucht und davon ausgeht, dass sie in der mutmaßlichen Sprache des Klartextes die häufigsten Digrafen sind. Ein anderer Kunstgriff besteht darin, im Chiffretext nach verdrehten Zweiergruppen wie **BF** und **FB** zu suchen. In einem mit Playfair chiffrierten Text entsprechen sie immer der gleichen Buchstabenkombination im Klartext, zum Beispiel **DE** und **ED**.

Die Kryptoanalyse kann gelingen, wenn man im Chiffretext nach nahe gelegenen ver-

Oben: Lyon Playfair, Baron von St. Andrews (1818–1898)

drehten Buchstabenpaaren sucht und ihre Verteilung mit bekannten Klartextwörtern, die eine solche Verteilung enthalten, zur Übereinstimmung bringt, wie beispielsweise *REvERsed* (umgekehrt) oder *DEfeatED* (besiegt), um so einen Ansatzpunkt für die Rekonstruktion des Schlüssels zu finden.

Wheatstone und Playfair stellten ihre Methode dem Untersekretär des Außenministeriums vor, aber der hielt das System für zu kompliziert.

Trotz der anfänglichen Skepsis griff das britische Kriegsministerium aber schließlich die Chiffre auf. Sie wurde zwar von Wheatstone erfunden, war aber immer unter dem Namen des Mannes bekannt, der sich bei der britischen Regierung dafür eingesetzt hatte, sie anzuwenden: Playfair.

Chiffren im amerikanischen Bürgerkrieg

Am 12. April 1861 eröffnete der Konföderiertengeneral P. G. T. Beauregard das Feuer auf Fort Sumter in Charleston in South Carolina und setzte damit den amerikanischen Bürgerkrieg in Gang. Wenig später ließ der Gouverneur von Ohio einen 36 Jahre alten Telegrafenbeamten namens Anson Stager in die Hauptstadt des Bundesstaates kommen.

Der Gouverneur wusste, dass eine sichere telegrafische Kommunikation nach Ausbruch des Krieges unentbehrlich war. An Stager stellte er zwei Forderungen: Entwickle ein System, mit dem der Gouverneur gefahrlos telegrafische Nachrichten mit den Gouverneuren von Illinois und Indiana austauschen kann, und übernimm den Befehl über die Telegrafenleitungen des Militärdistrikts von Ohio.

Stager war eine gute Wahl. Als Samuel Morse den Telegrafen 1844 eingeführt hatte, war er 19 gewesen. Er hatte bei Henry O'Reilly in Rochester im Bundesstaat New York eine Ausbildung als Drucker gemacht und wollte eigentlich im Druckereigewerbe arbeiten; aber stattdessen machte er 1846 Bekanntschaft mit der Telegrafie.

O'Reilly baute in Pennsylvania eine Telegrafenleitung, und Stager wurde die Verantwortung für eine der Stationen übertragen. Mit der weiteren Ausdehnung der O'Reilly-Telegrafenleitungen wuchs auch Stagers Aufgabenbereich. Er zog nach Ohio, um dort die Telegrafennetze zu verwalten, und wurde 1856 schließlich der erste Oberaufseher der neu gegründeten Western Union Telegraph Company.

Auf die Forderung des Gouverneurs hin entwickelte Stager ein einfaches, leistungsfähiges Chiffresystem. Wie nützlich es war, sprach sich bald auch bis zu George B. McClellan herum, dem Generalmajor der Union, der Stager daraufhin beauftragte, nach den gleichen Prinzipien ein militärisches Verschlüsselungssystem zu entwickeln.

Wenig später fand Stagers Chiffre bei den Streitkräften der Union allgemeine Verbreitung, und mit ihrer Einfachheit und Zuverlässigkeit war sie während des Bürgerkrieges das am häufigsten benutzte Verschlüsselungssystem. Sie basierte im Wesentlichen auf der Worttransposition, das heißt der Umordnung der Wortreihenfolge in einer Nachricht. Der Klartext wurde in Zeilen aufgeschrieben, und die Wörter wurden dann entsprechend den Spalten verändert. Da es statt sinnloser Buchstabengruppen ganz gewöhnliche Wörter verwendete, war es weniger fehleranfällig.

Im weiteren Verlauf des Krieges entwickelten Stager und die Verschlüsselungsspezialisten der Union insgesamt zehn Abwandlungen der *Union Route Cipher;* darin wurden die Wörter der Nachrichten durch

verschiedene Kombinationen von Codewörtern ausgetauscht, und es kamen unterschiedliche „Routen" zum Einsatz, die bestimmte Wege und Richtungen etwa bei der Anordnung oder beim Auslesen von Buchstaben in den Spalten vorgeben.

Oben: Ein im amerikanischen Bürgerkrieg verwendetes Codebuch

Im 20. Jahrhundert äußerte sich der Übervater der US-Kryptografie, William Friedman, abfällig über die mangelnde Raffinesse im System der

Codeanalyse
Transpositionschiffren

Das nachfolgende Beispiel für die Funktionsweise des Systems basiert auf einer Nachricht, die Abraham Lincoln Mitte 1863 verschickte. Der Klartext lautete:

> *For Colonel Ludlow.*
> *Richardson and Brown, correspondents of the Tribune, captured at Vicksburg, are detained at Richmond. Please ascertain why they are detained and get them off if you can. The President. 4.30 p.m.* (Für Colonel Ludlow. Richardson und Brown, Korrespondenten der *Tribune,* die in Vicksburg gefangen genommen wurden, werden in Richmond festgehalten. Bitte stellen Sie den Grund dafür fest, und befreien Sie sie, wenn Sie können. Der Präsident. 16.30 Uhr.)

In dem zu jener Zeit verwendeten Codesystem stand VENUS für *colonel,* WAYLAND für *captured* (gefangen genommen), ODOR für *Vicksburg,* NEPTUNE für *Richmond,* ADAM für *the President* und NELLY für *4.30 p.m.* Tauscht man die Wörter entsprechend aus, wird die Nachricht zu:

> *For VENUS Ludlow*
> *Richardson and Brown, Correspondents of the Tribune, WAYLAND at ODOR, are detained at NEPTUNE. Please ascertain why they are detained and get them off if you can. ADAM, NELLY*

Um die Nachricht zu verschlüsseln, wählte der Chiffrierbeamte eine Route. In diesem Fall entschied er sich für eine Route namens GUARD, die erforderte, dass die Nachricht in sieben Zeilen zu je fünf Worten geschrieben wurde, wobei „Nullen", also sinnlose Wörter, hinzugefügt wurden, um das Rechteck zu vervollständigen. In der nächsten Tabelle sind die Codewörter komplett in Großbuchstaben geschrieben.

For	VENUS	Ludlow	Richardson	And
Brown	Correspondents	Of	The	Tribune
Wayland	At	ODOR	Are	Detained
At	NEPTUNE	Please	Ascertain	Why
They	Are	Detained	And	Get
Them	Off	If	You	Can
ADAM	NELLY	THIS	FILLS	UP

Das erste Wort des chiffrierten Textes gibt die verwendete Route an: GUARD; anschließend liest man zum Verschlüsseln die erste Spalte aufwärts, die zweite abwärts, die fünfte aufwärts, die vierte abwärts und schließlich die dritte wieder aufwärts. Um die Sicherheit zu erhöhen, wurde am Ende jeder Spalte ein sinnloses „Nullwort" hinzugefügt:

GUARD ADAM THEM THEY AT WAYLAND BROWN FOR	KISSING
VENUS CORRESPONDENTS AT NEPTUNE ARE OFF NELLY	TURNING
UP CAN GET WHY DETAINED TRIBUNE AND	TIMES
RICHARDSON THE ARE ASCERTAIN AND YOU FILLS	BELLY
THIS IF DETAINED PLEASE ODOR OF LUDLOW	COMMISSIONER

Damit lautet die fertige Nachricht:

GUARD ADAM THEM THEY AT WAYLAND BROWN FOR KISSING VENUS CORRESPONDENTS AT NEPTUNE ARE OFF NELLY TURNING UP CAN GET WHY DETAINED TRIBUNE AND TIMES RICHARDSON THE ARE ASCERTAIN AND YOU FILLS BELLY THIS IF DETAINED PLEASE ODOR OF LUDLOW COMMISSIONER

Union. Dieses hatte sich aber als bemerkenswert leistungsfähig erwiesen: Den Truppen der Konföderierten gelang es nie, die verschlüsselten Nachrichten der Union zu entziffern.

In den Südstaaten selbst erreichte man auch nie das gleiche Sicherheitsniveau. Die Aufständischen nutzten häufig die Vigenère-Verschlüsselung, aber Übermittlungsfehler verursachten Schwierigkeiten ohne Ende. Bedroht war die Kommunikationssicherheit der Konföderierten auch durch ein Trio junger Verschlüsselungsexperten, die im Kriegsministerium, das man neben dem Weißen Haus errichtet hatte, tätig waren. Die drei Männer – sie hießen David Homer Bates, Charles A. Tinker und Albert B. Chandler – waren es bald gewohnt, Lincoln zu erblicken, wie er über den Rasen in Richtung ihres Büros ging und dann ins Zimmer kam, um die speziell für ihn bereitgestellten Durchschläge von Nachrichten zu lesen.

Die drei Männer waren kaum dem Teenageralter entwachsen, aber sie entschlüsselten im Laufe des Krieges mehrere Kryptogramme der Konföderierten, darunter Briefe, in denen Aufständische sich verschworen, um Staatsanleihen und Geld für die Konföderation zu drucken.

Der große Kerckhoffs

Ein Mann hätte den Konföderierten bei ihren Bemühungen, die Chiffren der Nordstaaten-Armee zu knacken, sehr nützlich werden können: Auguste Kerckhoffs, ein Lehrer, der zur Zeit des amerikanischen Bürgerkrieges in der französischen Ortschaft Melun ungefähr 40 Kilometer vor den Toren von Paris lebte.

Kerckhoffs war ein Experte für Sprachwissenschaft und hatte ein breites Interessenspektrum. Nachdem er während seines Arbeitslebens vorwiegend an Oberschulen und Universitäten unterrichtet hatte, schrieb er 1883 ein Buch, das in Frankreich und darüber hinaus ungeheure Auswirkungen auf die Kryptologie haben sollte.

Kerckhoffs Buch mit dem Titel *La cryptographie militaire* wurde ursprünglich in Form von zwei Aufsätzen in der französischen Fachzeitschrift für Militärwissenschaft veröffentlicht. Darin warf er einen kritischen Blick auf den Stand der Kryptografie und drängte auf Verbesserungen bei der französischen Anwendungspraxis. Insbesondere wollte er eine Lösung für das wichtigste Problem der Kryptografie seiner Zeit finden: Ein vertrauliches System, das einerseits verständlich und einfach zu benutzen war und sich andererseits für die telegrafische Nachrichtenübermittlung eignete.

In dem ersten Aufsatz formulierte er sechs Leitsätze, die bis heute der Maßstab sind, wenn jemand militärische Chiffren entwickeln will. Danach lassen sich die Anforderungen für ein militärisches Verschlüsselungssystem nach folgenden Prinzipien formulieren:

1. Das System darf seinem Wesen nach und möglichst auch mathematisch nicht zu entschlüsseln sein.
2. Das System darf keine Geheimhaltung erfordern, sodass es vom Feind gestohlen werden kann, ohne dass Schwierigkeiten entstehen.
3. Es muss einfach sein, die Schlüssel zu übermitteln und sich ohne schriftliche Notizen daran zu erinnern; außerdem muss es einfach sein, die Schlüssel für verschiedene Beteiligte zu verändern oder abzuwandeln.
4. Das System sollte sich für die telegrafische Übermittlung eignen.
5. Das System sollte transportierbar sein, und seine Anwendung darf nicht mehr als eine Person erfordern.
6. Das System muss einfach zu benutzen sein und darf weder geistige Anstrengung noch die Kenntnis einer langen Liste von Regeln erfordern.

Die berühmteste dieser sechs Regeln ist die zweite: Sie besagt, dass ein Verschlüsselungssystem auch dann noch sicher sein muss, wenn alles über das System mit Ausnahme des Schlüssels allgemein bekannt ist. In der Kryptografie spricht man hier vom Kerckhoffs'schen Prinzip.

Das Buch des Franzosen enthielt auch wichtige Fortschritte in der Kryptoanalyse. Nach Ansicht des angesehenen Kryptologiehistorikers David Kahn formulierte Kerckhoffs Buch den Grundsatz, dass die „Bewährungsprobe durch Kryptoanalyse die einzige wahre Prüfmöglichkeit für militärische Kryptografie ist" – und dieses Prinzip gilt bis heute.

Das Buch hatte schon zur Zeit seines Erscheinens wichtigen Einfluss auf die Kryptologie. Die Regierung kaufte mehrere Hundert Exemplare, es wurde vielfach gelesen und gab in ganz Frankreich den Anlass zu einer Wiederbelebung der Kryptografie. Und im Vorfeld des Ersten Weltkrieges sollte sich dieser Vorteil der Franzosen als unschätzbar wertvoll erweisen.

VERBORGENE SCHÄTZE, VERBORGENER SINN: DIE BEALE PAPERS

Im Jahr 1885 kam ein Rätsel ans Licht, das Codeknacker:innen bis heute in seinen Bann zieht. Damals verkaufte ein gewisser J. B. Ward erstmals eine Broschüre über einen Schatz, der im Bundesstaat Virginia versteckt sein sollte. Wards Veröffentlichung erzählte eine Geschichte über einen gewissen Thomas Jefferson Beale und eine verschlüsselte Nachricht, die dieser angeblich in den 1820er-Jahren im Washington Hotel in Lynchburg im US-Bundesstaat Virginia zurückgelassen hatte.

In der Broschüre hieß es, Beale habe das Hotel zum ersten Mal im Januar 1820 besucht, sei dort den Winter über geblieben und habe die Aufmerksamkeit des Hotelbesitzers Robert Morriss erregt, der ihn als den „ansehnlichsten Mann" beschrieb, den er jemals gesehen hatte. Im März reiste er plötzlich ab, kam aber zwei Jahre später wieder und verbrachte erneut den Rest des Winters in Lynchburg. Bevor er abreiste, vertraute er Morriss eine verschlossene Eisenkassette an, die nach seinen Worten „Papiere von Wert und Wichtigkeit" enthielt.

Die Broschüre erklärte, Morriss habe die Kassette 23 Jahre lang sorgfältig aufbewahrt, aber 1845 brach er sie auf. Die darin enthaltenen Notizen schilderten, wie Beale und 29 andere im April 1817 quer durch Amerika und die Ebenen des Westens bis nach Santa Fe gereist waren, bevor sie sich nach Norden wandten. In einer kleinen Schlucht, so die Notiz, hatte die Gruppe Glück: Sie „entdeckten eine große Menge Gold in einer Felsspalte". Man traf die Entscheidung, den Reichtum an einem geheimen Ort in Virginia zu verstecken und zuerst nur einen Teil des schweren Goldes gegen Edelsteine einzutauschen. Diese Aufgabe führte Beale 1820 nach Lynchburg. Der zweite Besuch fand offenbar statt, weil die Gruppe Sorgen hatte, der Schatz würde bei einem Unglücksfall nicht den Weg zu ihren Angehörigen finden.

Beale hatte die Aufgabe, eine Person zu finden, der man zutrauen konnte, die Wünsche der Gruppe im Fall ihres plötzlichen Todes auszuführen, und dafür wählte er Morriss. Nachdem dieser die Notiz gelesen hatte, fühlte er sich verpflichtet, das Schriftstück an die Verwandten weiterzugeben, aber er scheiterte: Die Beschreibung des Schatzes, seines Standortes und die Namen der Verwandten waren auf drei Blättern voller Zahlen verschlüsselt. Die Notiz besagte angeblich, der Schlüssel zu der Chiffre werde von einer dritten Seite bekannt gegeben. Aber er hatte nie einen Schlüssel erhalten.

Der Broschüre zufolge ging die Geschichte noch weiter: 1862, kurz vor seinem Tod, vertraute Morriss einem Freund – Ward – das Geheimnis an, und dem gelang ein erstaunlich intuitiver Durchbruch bei der Entschlüsselung der zweiten der drei verschlüsselten Seiten. Offensichtlich vermutete er, die Zahlen in der Reihe könnten den Worten der Unabhängigkeitserklärung entsprechen. Die 73 stand demnach für das 73. Wort der Erklärung – es lautet „*hold*" –, und so weiter.

Der Verfasser der Broschüre setzte den Prozess fort und gelangte zu folgender, hier inhaltlich übersetzter Nachricht:

„Ich habe in Bedford, ungefähr vier Meilen von Buford, in einem Schacht oder einem Gewölbe sechs Fuß unter der Erdoberfläche fol-

IN CONGRESS, JULY 4, 1776.

The unanimous Declaration of the thirteen united States of America,

Oben: Die Unabhängigkeitserklärung der Vereinigten Staaten von Amerika

gende Gegenstände vergraben: […] Das Depot besteht aus zweitausendneunhunderteinundzwanzig Pfund Gold und fünftausendeinhundert Pfund Silber; außerdem Edelsteine, welche in St. Louis im Austausch für Silber erworben wurden, um den Transport zu erleichtern […]

Das Obige ist in eisernen Töpfen mit Eisendeckeln sicher verpackt. Das Gewölbe ist grob mit Stein ausgekleidet, und die Gefäße stehen auf festem Fels und sind mit anderen bedeckt […]"

Leider, so schrieb Ward in seiner Broschüre, gelang es nicht, mit der Unabhängigkeitserklärung als Schlüssel die beiden anderen verschlüsselten Texte zu lesen. Auch spätere Generationen von Codeknacker:innen versuchten vergeblich, das Geheimnis der Beale Papers zu lüften, darunter einige der klügsten Köpfe der Kryptoanalyse in den Vereinigten Staaten. Skeptiker:innen verkünden ohne Zögern, die Broschüre sei eine Fälschung, aber für manche ist die Aussicht auf ungeheuren Reichtum in Verbindung mit einem herausfordernden Code, der so viele Menschen so lange Zeit in seinen Bann gezogen hat, eine unwiderstehliche Versuchung.

Kapitel 4

Beharrlichkeit

Durch pure Hartnäckigkeit wurden die Enigma und auch andere militärische Verschlüsselungen geknackt.
Zimmermann-Depesche · ADFGX-Chiffre · Navajo-Code · die Schlacht der Codes im Kalten Krieg

Ob es gelingt, eine Verschlüsselung zu brechen, davon kann – insbesondere in Kriegszeiten – der weitere Lauf der Geschichte abhängen. Eine ungelöste Verschlüsselungsmethode im Arsenal eines Staates zählt daher zu den mächtigsten Waffen: Das Militär kann Truppen an der Front mit Nachrichten versorgen und sicher sein, dass die gegnerischen Streitkräfte seine Strategien nicht durchschauen. Eine gebrochene Verschlüsselung kann fatale Konsequenzen haben. Feindliche Kräfte, die geheimste Nachrichten lesen können, während man nicht weiß, dass der Code entschlüsselt wurde, sind in der Lage, auch die besten militärischen Pläne zunichtezumachen.

In den meisten Kriegen der Neuzeit standen sich deshalb Kryptologie und Kryptoanalyse in einem sehr realen Kampf gegenüber, und der Kriegsverlauf hing stark davon ab, welche der beiden Seiten die Oberhand behielt. Damit standen diejenigen, die Codes entwickelten und brachen, zwar nicht physisch, aber mental an vorderster Front. Und anders als bei jenen, die sich mit dem physischen Einsatz bei Schlachten beschäftigten, blieben ihre Bemühungen häufig im Dunkel der Geheimhaltung und wurden erst Jahre oder Jahrzehnte später offengelegt, als die Codes, die sie konstruiert und zerstört hatten, nur noch von historischer Bedeutung waren.

Gegenüber: Ein Teil der nachgebauten Turing-Bombe in Bletchley Park in Buckinghamshire

Der Erste Weltkrieg: die Zimmermann-Depesche

Die Zimmermann-Depesche ist ein klassisches Beispiel dafür, wie verschlüsselte Nachrichten in Kriegszeiten verwendet wurden. Man kann mit Fug und Recht behaupten, dass sie der wichtigste Einzelfall einer erfolgreichen Kryptoanalyse war, die durch Entschlüsselung den Kriegsverlauf veränderte.

Die Depesche wurde am 16. Januar 1917 von Arthur Zimmermann, einem Staatssekretär im deutschen Auswärtigen Amt, an Heinrich von Eckardt geschickt, den deutschen Botschafter in Mexiko. Ohne dass man es in Deutschland bemerkte, wurde der Inhalt der Nachricht von dem britischen Entschlüsselungsteam *Room 40* abgefangen, das seinen Namen dem Ort seiner Tätigkeit im Gebäude der Admiralität im Londoner Whitehall verdankte. Die Gruppe war unmittelbar nach Beginn des Ersten Weltkrieges gegründet worden und blieb das Kernstück der britischen Entschlüsselungstätigkeit, bis sie 1919 von der Government Code and Cypher School abgelöst wurde, einem Zusammenschluss der kryptologischen Abteilungen von Admiralität und Kriegsministerium.

Unten: Rekruten der Royal Air Force lernen 1945 in einem Ausbildungszentrum den Morsecode.

Der Inhalt des Telegramms war mit einem Code namens 0075 verschlüsselt und wurde zum Teil mithilfe erbeuteter deutscher Codebücher entziffert, die mit einer früheren Version der Methode zu tun hatten. Das entschlüsselte Telegramm lautete im Original folgendermaßen:

> „*Telegramm No. 1. Ganz geheim. Selbst entziffern. Wir beabsichtigen am 1. Februar uneingeschränkten Ubootkrieg zu beginnen. Es wird Versucht werden, Amerika trotzdem neutral zu halten. Für den Fall, daß dies nicht gelingen sollte, schlagen wir Mexico mit folgender Grundlage Bündnis vor; Gemeinsame Kriegführung, gemeinsamer Friedensschluß. Reichliche finzanzielle Unterstützung und Einverständnis unsererseits, daß Mexiko in Texas, Neu Mexiko, Arizona früher verlorenes Gebiet zurückerobert. Regelung im einzelnen Euer Hochwohlgeboren überlassen. Euer pp. wollen Vorstehendes Präsidenten streng geheim eröffnen, sobald Kriegsausbruch mit Vereinigten Staaten feststeht und Anregung hinzufügen, Japan von sich aus zu fortigem Beitritt einzuladen und gleichzeitig zwischen uns und Japan zu vermitteln. Bitte Präsidenten darauf hinweisen, daß rücksichtslose Anwendung unserer U-boote jetzt Aussicht bietet, England in wenigen Monaten sum Frieden zu zwingen. Empfang bestätigen. Zimmerman*“ (zitiert aus dem Dokument *The Zimmerman Telegram* der NSA).

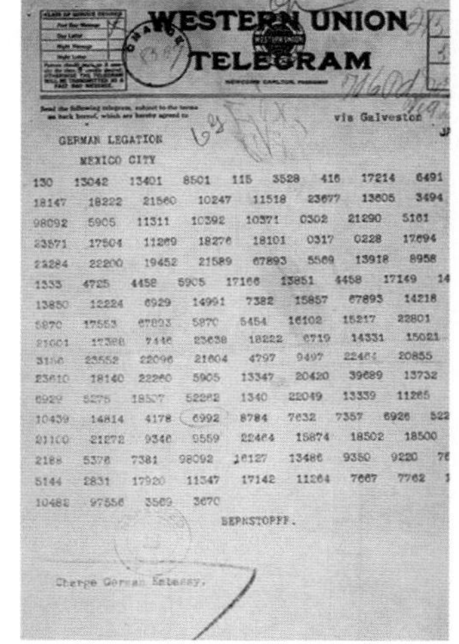
WESTERN UNION
TELEGRAM
via Galveston
GERMAN LEGATION
MEXICO CITY
130 13042 13401 8501 115 3528 416 17214 6491
18147 18222 21560 10247 11518 23677 13605 3494
98092 5905 11311 10392 10371 0302 21290 5161
23571 17504 11269 18276 18101 0317 0228 17694
22284 22200 19452 21589 67893 5569 13918 8958
1333 4725 4458 5905 17166 13851 4458 17149 14
13850 12224 6929 14991 7382 15857 67893 14218
5870 17553 67893 5870 5454 16102 15217 22801
21001 17388 7446 23638 18222 6719 14331 15021
3156 23552 22096 21604 4797 9497 22464 20855
23610 18140 22260 5905 13347 20420 39689 13732
6929 5275 18507 52262 1340 22049 13339 11265
10439 14814 4178 6992 8784 7632 7357 6926 522
21100 21272 9346 9559 22464 15874 18502 18500
2188 5376 7381 98092 16127 13486 9350 9220 76
5144 2831 17920 11347 17142 11264 7667 7762
10482 97556 3569 3670
BERNSTORFF.
Charge German Embassy.

Oben: Das Original der Zimmermann-Depesche

Nachdem der britische Geheimdienst die Zimmermann-Depesche entschlüsselt hatte, stand dieser vor einem Dilemma: Wenn man den Inhalt des Telegramms enthüllte, wären die Vereinigten Staaten gezwungen, Deutschland den Krieg zu erklären. Gleichzeitig wüsste man in Deutschland, dass die Chiffre geknackt war.

Aber dann wurde das Problem den Briten aus der Hand genommen. In Mexiko entdeckte ein weiterer britischer Agent in einem öffentlichen Telegrafenbüro eine Kopie des Telegramms, die mit einer älteren deutschen Chiffre verschlüsselt war. Der Inhalt des Telegramms wurde an die US-Regierung weitergegeben, und am 1. März 1917 druckten amerikanische Zeitungen die Nachricht ab. Einen knappen Monat später erklärte der US-Kongress Deutschland und seinen Alliierten den Krieg.

Man kann also durchaus behaupten, dass die Entschlüsselung der Zimmermann-Depesche und der nachfolgende Eintritt der Vereinigten Staaten in den Ersten Weltkrieg das Kriegsende beschleunigten und damit den Lauf der Geschichte veränderten.

Codeanalyse
Das Polybios-Quadrat

Manche Fortschritte in der Kryptologie ergeben sich, wenn man ältere Verschlüsselungsmethoden miteinander kombiniert. Die Chiffren ADFGX und ADFGVX, die Deutschland im Ersten Weltkrieg benutzte, waren eine Kombination aus Polybios-Quadraten (siehe Kapitel 1) und der Transposition; erfunden wurden sie von Oberst Fritz Nebel. Die ADFGX-Chiffre wurde erstmals im März 1918 eingesetzt.

Um es Codeknacker:innen noch schwerer zu machen, wurden sowohl das Polybios-Quadrat als auch der Transpositionsschlüssel täglich geändert. Im britischen *Room 40* und im französischen *Bureau de Chiffre* wurde ständig daran gearbeitet, in dem Verschlüsselungsschema einen Schwachpunkt zu finden.

Das Polybios-Quadrat enthält die Buchstaben **A**, **D**, **F**, **G** und **X** anstelle der Zahlen 1 bis 5 und die Buchstaben des Alphabets, die nach dem Zufallsprinzip über das Quadrat verteilt werden. Die scheinbar seltsame Buchstabenauswahl wurde getroffen, weil diese Buchstaben sich kaum verwechseln lassen, wenn sie mit dem Morsealphabet übermittelt werden – was entscheidend ist, wenn man die Gefahr, die Nachricht zu entstellen, kleinhalten will. Da das Quadrat nur 25 Plätze hat, während das Alphabet aus 26 Buchstaben besteht, werden die Buchstaben **i** und **j** austauschbar verwendet:

Tabelle 1

	A	D	F	G	X
A	f	n	w	c	l
D	y	r	h	i/j	v
F	t	a	o	u	d
G	s	g	b	m	z
X	e	x	k	p	q

Stellen wir uns vor, wir wollten die Nachricht *„See you in Leningrad“* (Wir sehen uns in Leningrad) verschlüsseln. Der erste Buchstabe der Nachricht, ein **s**, steht in dem Quadrat an der Stelle, an der sich in der linken Spalte ein **G** und in der obersten Zeile ein **A** befindet. Der Buchstabe **s** wird also als **GA** verschlüsselt. Nach dem gleichen Prinzip wird aus **e**, dem nächsten Buchstaben, die Kombination **XA**. Die ganze Nachricht lautet verschlüsselt wie folgt (Leerstellen werden ignoriert):

Tabelle 2

S	e	e	y	o	u	i	n	L	e	n	i	n	g	r	a	d
GA	XA	XA	DA	FF	FG	DG	AD	AX	XA	AD	DG	AD	GD	DD	FD	FX

Um das Entschlüsseln zu erschweren, wendet man nun auf die chiffrierten Buchstaben der zweiten Zeile eine Transpositionschiffre an. Man wählt ein Schlüsselwort, beispielsweise „Kaiser". Die Transposition erfolgt dann in den Spalten wie hier gezeigt, wobei man Lücken lässt, wo die Nachricht das Gitternetz nicht ausfüllt:

Tabelle 3

K	A	I	S	E	R
G	A	X	A	X	A
D	A	F	F	F	G
D	G	A	D	A	X
X	A	A	D	D	G
A	D	G	D	D	D
F	D	F	X		

Anschließend stellt man die Spalten in der alphabetischen Reihenfolge der Buchstaben im Schlüsselwort um:

Tabelle 4

A	E	I	K	R	S
A	X	X	G	A	A
A	F	F	D	G	F
G	A	A	D	X	D
A	D	A	X	G	D
D	D	G	A	D	D
D		F	F		X

Man liest die Spalten von oben nach unten ab und erhält so den verschlüsselten Text:

AAGADD XFADD XFAAGF GDDXAF AGXGD AFDDDX

Eine so verschlüsselte Nachricht wäre während des Ersten Weltkrieges mit dem Morsealphabet übermittelt worden. Es fällt auf, dass die Buchstabenblöcke unterschiedlich lang sind – manche bestehen aus sechs, andere aus fünf Buchstaben. Wegen dieser unterschiedlich langen Blöcke ist die Nachricht unglaublich schwer zu knacken.

Oben: Georges-Jean Painvin (1886–1980)

Wie ADFGX geknackt wurde: vom Bergbau zum Codebrecher

Der 1886 in Paris geborene Georges-Jean Painvin war nicht das, was man sich unter einem Codeknacker vorstellte. Er studierte an einer Bergbauschule und wurde dann Dozent an Hochschulen in St. Etienne und Paris, wo er sich auf Paläontologie spezialisierte.

Zu Beginn des Ersten Weltkrieges freundete er sich mit Captain Paulier an, einem Kryptologen der französischen *6e armée* (6. Armee), und schon bald interessierte er sich für dessen Arbeiten an Codierungen. Aufgrund seiner einfallsreichen Arbeiten an einer älteren Chiffre wurde Painvin eingeladen, sich an den geheimen Arbeiten des Bureau du Chiffre und dem Knacken deutscher Verschlüsselungsverfahren zu beteiligen.

Deutschland verwendete die ADFGX-Chiffre zum ersten Mal gerade zu der Zeit, als die letzte große Offensive des Krieges lief. Ende März 1918 starteten deutsche Streitkräfte in der Nähe von Arras in Nordfrankreich einen Angriff. Sie verfolgten das Ziel, die französischen und britischen Streitkräfte zu spalten und das strategisch wichtige Gebiet rund um Amiens einzunehmen. Jetzt war es für die Alliierten plötzlich von entscheidender Bedeutung, dass die Chiffre gebrochen wurde.

Eine der offenkundigen Eigenschaften der verschlüsselten deutschen Botschaften bestand darin, dass sie nur aus fünf sich wiederholenden Buchstaben bestanden. Deshalb nahm unter anderem Painvin an, dass die Gegenseite mit irgendeiner Form von Quadratchiffre arbeitete. Die Häufigkeitsanalyse zeigte aber sehr schnell, dass es sich nicht um ein einfaches Polybios-Quadrat handelte.

Nach der Märzoffensive verschaffte die stark zunehmende Zahl der Nachrichten Painvin die Gelegenheit zu einem zweiten Durchbruch. Er machte in den verschlüsselten Nachrichten bestimmte Muster aus, die darauf schließen ließen, dass am Anfang mehrerer Nachrichten die gleichen Wörter standen. Da die Nachrichten eines Tages mit den beiden gleichen Schlüsseln verschlüsselt wurden, nahm er an, es könne sich bei den Wiederholungen um eine Floskel handeln – einen verschlüsselten Text, dessen wirkliche Bedeutung man wissen oder erraten kann, wie beispielsweise Begrüßung, Titel oder Wetterbedingungen.

Am 5. April gelang es Painvin schließlich, die ADFGX-Chiffre zu entschlüsseln. Dabei kam ihm gerade der Aspekt zu Hilfe, der das Knacken der Verschlüsselung so schwierig zu machen schien: die unterschiedliche Länge der Buchstabenblöcke. Bei einem Blick auf Tabelle 3 fällt auf, dass die Spalten mit sechs verschlüsselten Buchstaben alle auf der linken Seite des Quadrats stehen, die auf der rechten dagegen enthalten jeweils fünf Buchstaben:

Tabelle 3

K	A	I	S	E	R
G	A	X	A	X	A
D	A	F	F	F	G
D	G	A	D	A	X
X	A	A	D	D	G
A	D	G	D	D	D
F	D	F	X		

Damit musste Painvin beträchtlich weniger Anordnungsvarianten der Spalten ausprobieren. Mit der Häufigkeitsanalyse stellte er außerdem fest, welche Reihenfolge der Spalten zu Buchstabenhäufigkeiten führten, die man in einem typischen Textblock in deutscher Sprache erwartet. Das war keine triviale Aufgabe. Painvin brauchte 18 Nachrichten, um die Chiffre zu entschlüsseln, und es nahm vier Tage und Nächte mit ununterbrochener Arbeit in Anspruch. Selbst als er das Verschlüsselungsprinzip kannte, dauerte es noch eine gewisse Zeit, bis er die Nachrichten durchschaut hatte.

Ein potenziell schwieriges Problem ergab sich am 1. Juni, denn jetzt, nach einer neuen deutschen Offensive in der Aisne, enthielten die abgefangenen Nachrichten plötzlich einen neuen Buchstaben: ein V. Aber innerhalb eines einzigen Tages fand Painvin heraus, dass nach der neuen ADFGVX-Chiffre einfach ein Quadrat von 6 × 6 Buchstaben benutzt wurde, das alle 26 Buchstaben des Alphabets und außerdem die Zahlen von 0 bis 9 enthielt.

Vor welchen Schwierigkeiten Painvin stand, zeigt sich vielleicht am besten daran, dass man bis Kriegsende nur insgesamt zehn ADFGX- und ADFGVX-Schlüssel entdeckt hatte. Danach kehrte Painvin in die Bergbaubranche zurück und machte eine erfolgreiche Industriekarriere. Wie viele Helden der Kryptoanalyse, so erlebte auch er erst viel später, dass seine Leistungen öffentlich bekannt wurden. Im Jahr 1933 wurde er zum Offizier der Ehrenlegion ernannt und 1973, sieben Jahre vor seinem Tod, in den Rang eines Grand Officier erhoben.

Zwischen den Kriegen: Madame X

Agnes Meyer Driscoll wurde 1889 in Genesco im US-Bundesstaat Illinois geboren. Im Laufe ihres Lebens wurde sie zu einer Schlüsselfigur bei der Weiterentwicklung der amerikanischen Kryptografie. In ihrer ersten Funktion beim Postal and Cable Censorship Office suchte sie in Briefen nach Hinweisen auf Spionage. Noch nicht einmal ein Jahr später wurde sie an die vorderste Front der Kryptografie versetzt: zur Code and Signal Section (CSS), die Chiffren und Codes für den Gebrauch bei der Marine entwickelte. Bei Kriegsende arbeitete sie als Zivilangestellte in der gleichen Abteilung weiter.

In den Jahren 1919 und 1920 war Driscoll vermutlich mehrere Monate in der sogenannten Schwarzen Kammer tätig, der von Herbert O. Yardley geleiteten Abteilung für Kryptografie des amerikanischen Militärgeheimdienstes MI-8.

Driscoll wurde unter dem Namen „Madame X" bekannt. Sie erhielt die Aufgabe, die Codes und Chiffren der japanischen Kommunikation abzufangen und aufzuklären. Der erste Code, an dessen Entschlüsselung sie mitwirkte, war das sogenannte Rote Buch. Marinespionen war es gelungen, den Safe des japanischen Generalkonsuls aufzubrechen und alle Seiten eines Codebuches zu fotografieren. Die Kopien wurden in einem roten Ordner aufbewahrt (daher der Name). Im Jahr 1926 konnte sie den ersten Schlüssel brechen; jetzt war der Nachrichtenverkehr mehrere Wochen lang lesbar. Später benutzte man kompliziertere Schlüssel, aber Driscoll und die Forschungsgruppe waren ihnen immer einen Schritt voraus.

Ebenso half Driscoll mit, einen komplizierteren japanischen Code zu brechen, der als Code des Blauen Buches bekannt wurde. Um ihn zu entschlüsseln, brauchten sie und ihre Arbeitsgruppe drei Jahre. Aus den Nachrichten ergab sich die wichtige Erkenntnis, dass der japanische Schlachtkreuzer der Kongō-Klasse eine Spitzengeschwindigkeit von 26 Knoten erreichte; daraufhin wurden die US-Schlachtschiffe der North-Carolina-Klasse so umgebaut, dass sie noch schneller waren.

Der Zweite Weltkrieg: Enigma und Bletchley Park

Die Geschichte der Enigma ist zu einer der bekanntesten Episoden aus der Geschichte der Kryptologie geworden, und das, obwohl die Ereignisse erst Jahrzehnte nach Kriegsende vollständig bekannt wurden.

Zwischen dem Ersten und dem Zweiten Weltkrieg entschlüsselten britische Codebrecher:innen im Auftrag der Government Code and Cypher School (GC&CS), der Nachfolgeinstitution des Room 40, diplomatische und geschäftliche Nachrichten aus vielen Ländern, insbesondere aus der Sowjetunion, Spanien und den Vereinigten Staaten. Als der Krieg näher rückte, fokussierten sich die Arbeiten der Gruppe zunehmend auf Deutschland, Italien und Japan, und mehr Mitarbeitende wurden eingestellt. Bletchley Park oder BP, wie es von seinen Bewohner:innen während des Krieges häufig genannt wurde, ist ein kleines Landhaus ungefähr 80 Kilometer nordwestlich von London. Es wurde 1938 von der Leitung des britischen Geheimdienstes MI6 als Sitz der schnell wachsenden GC&CS erworben und erhielt den Decknamen „Station X".

Unten: Bletchley Park in England war während des Zweiten Weltkrieges Sitz der britischen Codeknacker:innen.

DIE DORABELLA-CHIFFRE: ELGARS ZWEITES RÄTSEL

Edward Elgar, einer der berühmtesten britischen Komponisten, war fasziniert von Codes und Rätseln. Seine beliebte Komposition *Variations on an Original Theme* ist allgemein nur unter dem Titel *Enigma-Variationen* bekannt, weil der Programmzettel der Uraufführung 1899 einen rätselhaften Kommentar enthielt.

„Das Rätsel werde ich nicht erklären", schrieb er. „Seine einfache ‚dunkle Aussage' muss unerraten bleiben, und ich warne Sie, dass die scheinbare Verbindung zwischen den Variationen und dem Thema oftmals von der losesten Beschaffenheit ist; außerdem zieht sich durch und über das ganze Stück ein anderes, größeres Thema, aber das wird nicht gespielt."

Aber Elgars Begeisterung für verborgene Bedeutungen ging auch über den Bereich der Musik hinaus. Das ist vielleicht nicht verwunderlich, denn die Arbeitsweisen beim Komponieren und beim Codeknacken ähneln sich: Bei beiden müssen parallele Folgen von Code oder Noten hin- und hergeschoben werden, um die am besten passende Form zu finden. Seine Briefe an Freunde und Freundinnen waren voller Wortspiele und musikalischer Rätsel, so trug etwa eines der Häuser der Familie Elgar den Namen *Craeg Lea* – ein Anagramm aus (C)arice, (A)lice und (E)dward Elgar.

Eines der berühmtesten Beispiele seiner Vorliebe für Kryptografie lieferte Elgar rund zwei Jahre vor der Premiere der *Enigma-Variationen.* Am 14. Juli 1897 schickte er einer jungen Freundin einen Brief in einer Chiffre, für die es bis heute keine zufriedenstellende Auflösung gibt. Die Nachricht besteht aus 87 Zeichen und bedient sich offensichtlich eines Alphabets von 24 Buchstaben, die aus einem, zwei oder drei Halbkreisen bestehen und jeweils in einer von acht Richtungen orientiert sind. Die Häufigkeitsanalyse (siehe Kapitel 1) legt die Vermutung nahe, dass Elgar sich einer einfachen Substitutionsverschlüsselung bediente, die auf einem Klartext in englischer Sprache basierte. Für diese Theorie spricht die Zahl der in dem Alphabet verwendeten Buchstaben – in vielen Chiffren werden I und J sowie U und V durch ein einziges Zeichen repräsentiert –, aber bisher ist es niemandem gelungen, auf dieser Grundlage die Nachricht zu entschlüsseln. Manche Kryptoanalytiker:innen bedienten sich eines Schlüssels, den sie in einem von Elgars Übungsheften gefunden hatten; darin führt er die in der Dorabella-Chiffre verwendeten Symbole auf und nennt ihre Entsprechungen zu den Buchstaben des Alphabets. Wendet man diesen Schlüssel aber auf die Dorabella-Chiffre an, erhält man nichts, was einen erkennbaren Sinn hätte. Demnach liegt die Vermutung nahe, dass Elgar sich einer komplizierteren Verschlüsselungsmethode bediente und die Nachricht vielleicht mit einem Schlüsselwort noch weiter codierte.

Die Empfängerin der Nachricht war Dora Penny, die 22-jährige Tochter des Pastors Alfred Penny von St. Peter's in Wolverhampton. Dora stand seit Ende der 1890er-Jahre bis 1913 in einer engen Beziehung zu Elgar und seiner Frau Alice, über die sie in ihrem Buch *Edward Elgar: Memories of a Variation* berichtete. Als der verschlüsselte Brief verschickt wurde, waren Dora und das Ehepaar Elgar bereits mehr-

Oben: Die Dorabella-Chiffre

mals zusammengetroffen. „Es ist allgemein bekannt", schrieb Dora, „dass Elgar sich stets für Rätsel, Chiffren, Kryptografie und Ähnliches interessierte. Die hier wiedergegebene Chiffre – der dritte Brief, den ich von ihm bekam, wenn es denn einer ist – erreichte mich eingeschlossen in einen Brief von [Elgars Frau] an meine Stiefmutter. Auf der Rückseite steht ‚Miss Penny'. Er folgte auf ihren Besuch bei uns in Wolverhampton im Juli 1897.

Ich habe nicht die leiseste Ahnung, welche Nachricht er enthält; er hat es nie erklärt, und alle Lösungsversuche sind gescheitert. Sollte es irgendeinem Leser dieses Buches gelingen, zu einer Lösung zu gelangen, wäre ich sehr daran interessiert, sie zu erfahren."

Dora selbst war auch die Anregung für die zehnte Enigma-Variation (Dorabella), und deshalb wurde manchmal vermutet, die Chiffre, die Elgar ihr schickte, könne einen Hinweis auf das tiefere Geheimnis der Komposition liefern. Als sie ihn später nach dem Geheimnis der Variationen fragte, erwiderte er: „Ich dachte, von allen Menschen, Sie würden es sicher erraten." Dora starb 1964, und wenn sie als Einzige das Geheimnis seiner Rätsel kannte, könnte es sein, dass die Enträtselung mit ihrem Tod unmöglich wurde.

Oben: Betrieb der Enigma in Bletchley Park während des Zweiten Weltkrieges.

Als der Zweite Weltkrieg bevorstand, arbeiteten 186 Personen in BP; 50 von ihnen konzentrierten sich nicht auf das Entschlüsseln, sondern auf das Verschlüsseln.

Als in ganz Europa der Krieg tobte, vervielfachte sich die Zahl der Nachrichten, die von Deutschland und seinen Verbündeten verschickt wurden. Noch schwieriger wurde die Lage dadurch, dass die verschiedenen Teile der Streitkräfte unterschiedliche Varianten der Enigma-Maschine zur Verschlüsselung der Nachrichten verwendeten, was für das Personal von BP ungeheuer viel Arbeit bedeutete.

Auf Anweisung des britischen Premierministers Winston Churchill stieg die Zahl derer, die in BP am Knacken der Nachrichten arbeiteten. Bei diesen Männern und Frauen handelte es sich in der Regel um Mathematiker:innen und Linguist:innen, von denen viele an den Universitäten Oxford und Cambridge studiert hatten. Als 1943 die Vereinigten Staaten in den Krieg eintraten, gesellten sich amerikanische Codeknacker:innen zu den britischen Teams. Im Mai 1945 bestand das Personal aus nahezu 9000 Personen, und weitere 2500 arbeiteten anderswo an ähnlichen Themen.

Viele Geschichten über Bletchley Park drehen sich um die berühmten Männer, die dort arbeiteten, unter ihnen Alan Turing, Gordon Welchman und Dilly Knox. Aber die Mitarbeiterschaft bestand zu 75 Prozent aus Frauen, die vielfach die aufwendigen manuellen Arbeiten ausführten. Ihre Beiträge waren nicht weniger wichtig als die der Männer.

Oben: Codeknacker:innen bei der Arbeit im Maschinenraum der Hut 6 von Bletchley Park, 1943.

Wegen des schnellen Personalwachstums mussten in BP neue Arbeitsräume gebaut werden, und so entstanden dort immer mehr Behelfsbauten, die einfach mit einer Zahl oder einem Buchstaben gekennzeichnet waren und jeweils eine andere Funktion erfüllten. In der *Hut 8,* der Baracke 8, waren beispielsweise die Kryptoanalytiker:innen untergebracht, die an den Enigma-Chiffren der deutschen Marine arbeiteten. In einer anderen Baracke, der *Hut 6,* beschäftigte man sich damit, die Enigma-Chiffren der deutschen Wehrmacht und Luftwaffe zu entschlüsseln. Im *Block E* wurden die entschlüsselten und übersetzten Enigma-Mitteilungen neu verschlüsselt und an die alliierte Militärführung weitergegeben.

Codeanalyse
Der Enigma-Code

Wie polnische Kryptologen entdeckten, konnte man bestimmte Aspekte der Gruppentheorie – eines Teilgebiets der reinen Mathematik – nutzen, um die Chiffre zu entschlüsseln. Sie erkannten, dass jeder eingegebene Buchstabe bei jeder einzelnen Konfiguration der Enigma-Maschine als ein anderer Buchstabe verschlüsselt wurde. Da die Maschine in beide Richtungen arbeitete, konnte dieser verschlüsselte Buchstabe als der ursprüngliche Buchstabe entschlüsselt werden. Mit dieser Erkenntnis war der Weg zur Entschlüsselung geebnet. Wie eine Einstellung einer Enigma-Maschine die Buchstaben verändert, können wir in Form einer gruppentheoretischen Aufstellung aufschreiben:

A	B	C	D	E	F	G	H	I	J	K	L	M	N	O	P	Q	R	S	T	U	V	W	X	Y	Z
J	R	U	X	A	W	N	S	F	Q	Y	T	B	H	M	D	E	V	G	I	L	P	K	Z	C	O

Wenn die Buchstaben der oberen Reihe in eine Enigma-Maschine eingetippt werden, lassen sie die Lämpchen aufleuchten, die den Buchstaben in der unteren Reihe anzeigen. Drückt man beispielsweise ein **A**, lässt es das Lämpchen **J** aufleuchten, und wenn man **T** eingibt, leuchtet das **I**. Dies lässt sich dann auf Buchstabenzyklen zurückführen.

A verändert sich also zu **J**, **J** verändert sich zu **Q**, **Q** verändert sich zu **E** und **E** wieder zurück zu **A**, dem Buchstaben, von dem wir ausgegangen waren. Dies kann man als (**AJQE**) schreiben. Darüber hinaus gibt es drei weitere Zyklen:

(G N H S)
(B R V P D X Z O M)
(C U L T I F W K Y)

Die Kryptologen erkannten, dass diese Zyklen immer in Paaren von gleicher Länge auftreten; in diesem Fall waren es zwei Zyklenpaare mit jeweils vier und zwei mit jeweils neun Buchstaben. Mit dieser Erkenntnis verminderte sich der manuelle Aufwand zum Brechen der Chiffre. Außerdem stellten sie fest, dass das „Steckern" von Buchstabenpaaren keine Auswirkungen auf die zugrunde liegende Gruppentheorie hatte. Wurden Buchstabenpaare durch Steckern ausgetauscht, blieben Zahl und Länge der Zyklen gleich. Zu jener Zeit erwähnte Rejewski in einem Schriftstück, man habe die Steckereinstellungen ermittelt, nannte aber keine Details darüber, wie es gelungen war.

Oben: Eine Enigma-Maschine

DIE ENIGMA-MASCHINE

Die erste Enigma-Maschine wurde vom Berliner Ingenieur Dr. Arthur Scherbius als Hilfsmittel zur Verschlüsselung geschäftlicher Nachrichten entwickelt. Drei Jahre später übernahm die deutsche Regierung das Gerät und nahm beträchtliche Abwandlungen vor, um die Sicherheit der Verschlüsselung zu verbessern.

Die Enigma-Maschine war tragbar, und eine Tastatur auf ihrer Vorderseite diente zum Eintippen der Nachricht. Darüber waren 26 Anzeigelämpchen angeordnet, von denen jedes für einen Buchstaben des Alphabets stand. Wurde eine Taste gedrückt, leuchtete eines der Lämpchen auf und zeigte an, welcher Buchstabe in den verschlüsselten Text geschrieben werden musste. Die Buchstaben wurden von einer zweiten Person notiert, die anschließend die verschlüsselte Nachricht mit dem Morsealphabet übermittelte. Die Nachrichten wurden an den vorgesehenen Empfangsstationen aufgezeichnet und wiederum in eine Enigma eingetippt, die genauso eingestellt war wie die der Sendestation; damit erhielten sie die ursprüngliche Nachricht. Lauschstationen konnten jedoch die verschlüsselten Funknachrichten ebenfalls empfangen, und genau das taten die Alliierten mit ihrem Netz von Funklauschposten. Aber selbst wenn die Lauschstationen eine Enigma-Maschine in ihrem Besitz hatten, musste diese zunächst genauso eingestellt sein wie die der Sendestation. Das aber wurde durch den komplizierten inneren Aufbau der Enigma unglaublich schwierig.

In der ursprünglichen Version befanden sich im Inneren der Maschine drei rotierende Zylinder, die Rotoren, auch Walzen genannt. Jeder Rotor trug eine innere Verdrahtung und auf der Oberfläche elektrische Kontakte, sodass jede einzelne Position des Rotors zu einer anderen elektrischen Verbindung zwischen den Tasten und den Lämpchen führte. Wurde eine Taste betätigt, drehte sich der rechte Rotor um eine Zahl weiter wie der Kilometerzähler in einem Auto. Nach 26 Rotationsbewegungen drehte sich dann der mittlere Rotor um einen Buchstaben weiter. Nachdem auch dieser Rotor 26 Bewegungen durchlaufen hatte, setzte sich der linke Rotor in Bewegung. Für die Weiterschaltung sorgte eine Kerbe im Rotorring.

Um die Verschlüsselung noch komplizierter zu machen, konnten die Verschlüssler:innen die Kerbe jedes Ringes in 26 verschiedene Positionen bringen. Wurde die Kerbe beispielsweise auf den zehnten Buchstaben eingestellt, erfolgte die Umschaltung nach zehn Zeichen und dann wieder nach jedem 26. Zeichen. Hinter den Rotoren sorgte eine Umkehrwalze dafür, dass das Signal durch die drei Rotoren auf einem anderen Weg zurückfloss als auf dem Hinweg.

Weiter gesteigert wurde die Komplexität der Verschlüsselung durch ein Steckerbrett auf der Vorderseite der Maschine. Damit konnten bestimmte Buchstabenpaare ausgetauscht werden, indem man die mit diesen Buchstaben gekennzeichneten Buchsen mit Kabeln verband (oder „steckerte", wie die Codeknacker:innen es mit dem ursprünglichen deutschen Wort nannten).

Nach Berechnungen von Frank Carter und John Gallehawk gab es 158 Trillionen Möglichkeiten, die Maschine zu Beginn des Verschlüs-

Oben: Ein Enigma-Rotor. Die grünen Drähte rechts stellen die elektrische Verbindung zwischen der Tastatur und der Anzeige her, in der die verschlüsselte Version der einzelnen Buchstaben aufleuchtet.

selungsprozesses einzustellen. Deshalb ist es kein Wunder, dass man in Deutschland voll und ganz darauf vertraute, Nachrichten mit ihrer Hilfe geheim halten zu können.

Oft herrscht die Ansicht, britische und amerikanische Codeknacker:innen hätten bis unmittelbar vor Kriegsbeginn keinen Zugang zu einer Enigma-Maschine gehabt; in Wirklichkeit verfügten sie aber schon 1926 über eine von Scherbius' kommerziellen Maschinen, die Dilly Knox, der zur GC&CS gehörte, in Wien erworben hatte. Und später stellte sich heraus, dass die Patente für die kommerzielle Enigma in den 1920er-Jahren beim britischen Patentamt angemeldet worden waren.

Wie Enigma in Polen geknackt wurde

Polen leistete einen grundlegenden Beitrag dazu, Enigma zu knacken, und das schon seit 1932. An vorderster Front standen dabei drei junge polnische Kryptologen: die Mathematiker Marian Rejewski, Jerzy Różycki und Henryk Zygalski.

Anfangs enthielten Nachrichten, die mit Enigma verschlüsselt waren, am Anfang die zweimal verschlüsselten einzelnen Rotoreinstellungen. In der Bedienungsanleitung für die Maschinen hieß es, man solle die Rotoren am Vierten eines Monats an oberster Stelle auf die Buchstaben **A**, **X** und **N** einstellen. Die Nachricht begann dann mit den Buchstaben AXNAXN, dann folgte der eigentliche Text.

Aber komplexe mathematische Berechnungen alleine reichten nicht. Um die Theorien anwenden zu können, musste man auf Karteikarten einen Katalog aufbauen, in dem alle mehr als 100 000 möglichen Rotoreinstellungen aufgeführt waren – ohne Computer eine ungeheuer langwierige Aufgabe.

Die polnischen Codeknacker bauten auch eine Maschine, die sie als Zyklometer bezeichneten; sie bestand aus zwei Enigma-Rotoren und diente dazu, die Kombinationen schneller herzustellen. Mit dem Zyklometer erstellten sie einen Katalog von Länge und Zahl der Zyklen in den „Charakteristika" aller 17 576 Positionen für eine bestimmte Reihenfolge der Rotoren. Da sechs solche Reihenfolgen möglich waren, bestand der „Katalog der Charakteristika" oder „Kartenkatalog" am Ende aus 6 × 17 576 = 105 456 Einträgen. Die Erstellung des Kataloges, so schrieb Rejewski, „war mühsam und dauerte über ein Jahr, aber als er fertig war [...] konnte man die Tagesschlüssel innerhalb von 15 Minuten beschaffen".

Die Verschlüsselung der Verschlüsselung

Im Jahr 1938 änderte die deutsche Seite die Bedienweise der Enigma. Man verwendete jetzt nicht mehr die allgemeinen Ausgangspositionen der Rotoren aus dem Handbuch, sondern jede Sendestation wählte ihre eigenen Einstellungen. Die Anfangseinstellungen wurden unverschlüsselt übermittelt. Die Nachricht begann beispielsweise vielleicht wie früher mit AXN. Dann aber konnte die Sendestation sich eine eigene Ausgangsstellung der Rotoren ausdenken, die zur Verschlüsselung der Nachricht verwendet wurde, beispielsweise HVO. Diese tippte man dann zweimal in die Maschine ein – HVOHVO. Da die Maschine aber bereits mit der anfänglichen AXN-Einstellung versehen war, verschlüsselten sie

HVOHVO zu etwas ganz anderem – beispielsweise EYMEHY. Wichtig ist dabei, dass in dieser verschlüsselten Version keine Wiederholung auftaucht, denn die Rotoren bewegen sich mit jedem eingetippten Buchstaben um eine Stellung weiter. Die von der Sendestation übermittelte Nachricht beginnt also mit AXNEYMEHY, und dann folgt die Nachricht, die mit den Rotoreinstellungen HVO verschlüsselt ist.

Die Empfangsstation erkannte dann sofort, dass man die Rotoren zunächst auf AXN einstellen musste. Wurde dann EYMEHY eingetippt, erhielt man HVOHVO und stellte die Rotoren auf die Position HVO ein. Anschließend wurde der Rest der Nachricht bei der Eingabe entschlüsselt.

Diese neue Komplikation machte die Methode mit dem von den Polen entwickelten Katalog wirkungslos, was nach einer solchen Investition von Zeit und Ressourcen eine niederschmetternde Erkenntnis gewesen sein muss. Man entdeckte jedoch schon bald eine andere Vorgehensweise, die sich wiederum der mathematischen Gruppentheorie bediente.

An dem zuvor beschriebenen Beispiel der Rotoreinstellungen fällt auf, dass die Einstellungen für die Nachricht mit EYMEHY verschlüsselt wurden, das heißt, an der ersten und vierten Stelle steht jeweils ein **E**. Rejewski und seine Kollegen bemerkten, dass eine solche Wiederholung einzelner Buchstaben an der ersten und vierten Stelle (und auch an der zweiten und fünften beziehungsweise an der dritten und sechsten) relativ häufig vorkam. Wenn solch ein Fall auftrat, wurde er von ihnen als *samica* bezeichnet (was wörtlich übersetzt „Weibchen" bedeutet und heute meist „female" genannt wird).

Unten: Ein Zygalski-Lochblatt

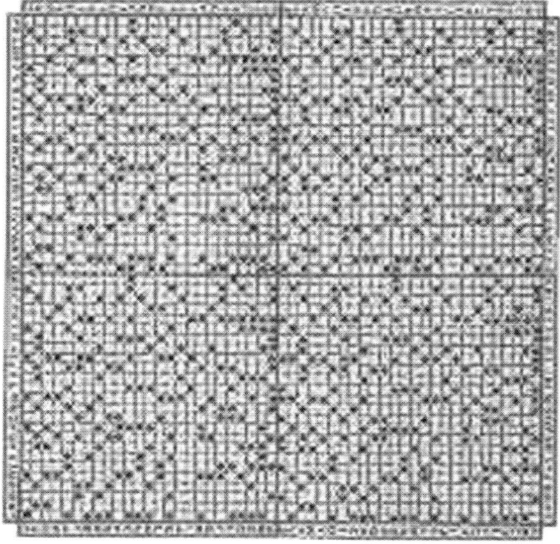

In Polen baute man sechs als *Bombas* bezeichnete Maschinen, in denen jeweils drei Enigma-Rotoren mechanisch gekoppelt waren und mechanisch nach Einstellungen suchten, die solche „females" erzeugten. Man baute sechs Maschinen, damit man alle möglichen Rotoranordnungen gleichzeitig ausprobieren konnte: AXN, ANX, NAX, NXA, XAN und XNA.

Damit man die Maschinen auf diese Weise anwenden konnte, durfte aber keiner der beteiligten Buchstaben gesteckert sein.

Anfangs waren nur drei Buchstabenpaare gesteckert, aber später steigerten die Deutschen diese Zahl auf zehn Paare, und nun entwickelte Zygalski eine andere Methode mit Lochblättern.

Die Herstellung der „Zygalski-Lochblätter" war sehr zeitaufwendig, denn man brauchte eine große Zahl solcher Blätter, und die Löcher – oft bis zu 1000 in einem Blatt – wurden von Hand mit Rasierklingen durchgestoßen.

Man erstellte 26 Lochblätter, von denen jedes eine mögliche Ausgangsposition des linken Rotors in der Enigma-Maschine repräsentierte. Auf jedem Blatt war ein Gitternetz von 26 × 26 Feldern auf der linken Seite von oben nach unten und oben quer jeweils mit den Buchstaben A bis Z gekennzeichnet. Die Buchstaben auf der linken Seite stellten die Ausgangsposition des mittleren Rotors dar, und die in der obersten Zeile entsprachen den Ausgangspositionen des rechten Rotors.

Dass die Nachricht, die mit AXN EYMEHY beginnt, ein „female" enthält, wissen wir, denn der erste und der vierte Buchstabe für die Einstellungen sind gleich. Demnach muss auf dem Zygalski-Lochblatt, das den Buchstaben **A** in der Position des linken Rotors repräsentiert, ein Loch in dem Gitternetz an der Stelle angebracht werden, wo das **X** auf der linken Spalte und das **N** aus der obersten Zeile zusammentreffen.

Wenn am gleichen Tag noch andere Nachrichten von derselben verschlüsselnden Person verschickt werden und ebenfalls „females" in den Nachrichteneinstellungen enthalten, legen wir die Lochblätter so übereinander, dass die Gitternetze genau deckungsgleich sind. Hält man diesen Blätterstapel gegen das Licht, sind nur die Einstellungen, an denen die Löcher an der gleichen Stelle liegen – sodass das Licht hindurchscheint –, mögliche Einstellungen des jeweiligen Tages. Jedes Blatt, das zu dem Stapel hinzukommt, verringert die Zahl der potenziellen Anfangseinstellungen weiter. Hat man eine ausreichende Zahl von Nachrichten im richtigen Format, kann man letztlich die Anfangseinstellungen ableiten.

Unten: Alan Turing (1912-1954) entwickelte mehrere Methoden, um die deutsche Verschlüsselung zu brechen, darunter die „Bombe", mit der man die Einstellungen der Enigma-Maschine finden konnte.

Oben: Die „Bombe", mit der die Enigma-Einstellungen entschlüsselt wurden.

Im Dezember 1938 konnte man jedoch auch diese Methode nicht mehr anwenden, denn jetzt nahmen die Deutschen an dem System eine neue Verfeinerung vor. Statt drei Rotoren in allen beliebigen Kombinationen zu benutzen, konnten die verschlüsselnden Stationen jetzt drei von fünf Rotoren beliebig auswählen. Damit stieg die Zahl der möglichen Rotoreinstellungen nochmals um das Zehnfache, und die Herstellung der dazu nötigen Lochblätter überstieg die damaligen Möglichkeiten.

Schon bald wurden die Polen von den Ereignissen überrollt. Als die Invasion in ihrem Land bevorstand, erkannten sie, dass sie ihre Erkenntnisse mit anderen teilen mussten. Während Deutschland sich auf den Überfall vorbereitete, gaben die Polen nachgebaute militärische Enigma-Maschinen an die GC&CS und den französischen Geheimdienst.

Die Enigma wird geknackt

Um eine Nachricht zu entschlüsseln, musste die Empfangsstation – und alle, die mithörten – wissen, welche drei Rotoren man bei der Verschlüsselung ausgewählt hatte, welche Positionen sie in der Maschine hatten, wie die drehbaren Kerben eingestellt waren, welche Ausgangspositionen man bei den einzelnen Rotoren benutzt hatte (was durch die Buchstaben angezeigt wurde, die in kleinen Fenstern oben rechts zu sehen waren) und welche Buchstaben mit den Steckern vertauscht worden waren.

Die größte Herausforderung stellte sich für die Codeknacker:innen von Bletchley Park durch die immer größere Zahl von Steckerpaaren. Für jede Rotoreinstellung waren mehr als 2,5 Trillionen Steckbretteinstellungen möglich. Einfacher wurde die scheinbar unlösbare Aufgabe mit der Erfindung der „Bombe", einer elektrischen Apparatur, die von den Mathematikern Alan Turing und Gordon Welchman aus Cambridge erfunden worden war. In dem Namen spiegelte sich das polnische *Bomba* wider, in Wirklichkeit war es aber eine vollkommen andere Maschine.

Für dieses Verfahren war es entscheidend, dass man „wahrscheinliche Wörter", sogenannte *cribs*, entdeckte. Schriftliche Korrespondenz hat in der Regel eine Struktur. Briefe beginnen beispielsweise häufig mit „Sehr geehrte Damen und Herren" und enden mit „Mit freundlichen Grüßen". Das Gleiche galt auch für viele deutsche Kriegsnachrichten, deren Strukturelemente jedoch häufig andere waren: Nachrichten begannen oft mit dem Wort „geheim", und solche von Marineschiffen enthielten vielfach Angaben über Wetter und Position. Ein Verschlüssler benutzte besonders gern das Wort IST als Voreinstellung. Ein anderer stellte in Bari häufig die Initialen seiner Freundin als Ausgangsposition der Rotoren ein. Beim Knacken von Enigma ging es also nicht nur um technische, sondern ebenso auch um menschliche Schwächen.

Die richtige Stellung eines solchen wahrscheinlichen Wortes in dem verschlüsselten Text zu finden, war kein Kinderspiel – manche Enigma-Verschlüssler:innen setzten sinnlose Buchstaben vor häufig wiederholte Formulierungen, um so potenzielle Codebrecher:innen zu verwirren.

Die Konstruktion der Bombe schuf für ihre Anwender:innen die Möglichkeit, die 26 möglichen Steckerpartner jedes einzelnen eingegebenen Buchstaben gleichzeitig für jede der fast 18 000 möglichen Rotoreinstellungen zu überprüfen. Wenn die Maschine beim Durchprobieren dieser Einstellungen auf eine Serie traf, die mit einem wahrscheinlichen Wort übereinstimmte, hielt sie an. Dann überprüfte man die gefundenen Rotoreinstellungen mit manuellen Verfahren wie der Häufigkeitsanalyse. Entsprach die Buchstabenhäufigkeit allgemein dem, was man bei einem typischen deutschen Text erwartete, wurden weitere Steckerpaare vorgeschlagen. Schließlich gelangte man mit harter Arbeit und einer gehörigen Portion Glück zu den ursprünglichen Einstellungen, die für die Nach-

Oben: Verstärkungstruppen landen während der Alliierten Invasion am 6. Juni 1944 in der Normandie.

richten des betreffenden Tages verwendet wurden, dies gelang allerdings nicht jeden Tag.

Eine interessante in BP verwendete Methode wurde als *gardening* (gärtnern) bezeichnet. Man veranlasste die deutschen Streitkräfte dazu, bekannte Wörter in ihre Nachrichten aufzunehmen. Wenn beispielsweise in einem Gebiet die Minen geräumt waren, stellten die Codeknacker:innen von BP eine Anforderung an die Armee, das Gebiet erneut zu verminen, weil man hoffte, die Deutschen würden in Nachrichten, die aus der Region stammten, das Wort „Minen" aufnehmen.

Die erste Enigma-Nachricht wurde in Bletchley Park am 20. Januar 1940 geknackt. Was dabei entscheidend war: In Deutschland wusste man nicht, dass die Alliierten jetzt viele der Nachrichten lesen konnten. Um die Existenz und die Erfolge von Bletchley Park geheim zu halten, erfand die britische Regierung einen Spion mit dem Decknamen Boniface und einem imaginären Agentennetzwerk im Feindesland. In Nachrichten an verschiedene Teile des britischen Militärs wurde behauptet, Boniface oder einer seiner Spione in Deutschland habe ein Gespräch zwischen hochrangigen deutschen Offizieren mitgehört oder ein geheimes Dokument in einer Mülltonne gefunden. Auf diese Weise sickerte die Information wieder zu den Deutschen durch, ohne dass diese erkennen konnten, dass ihre Funksignale mitgehört wurden.

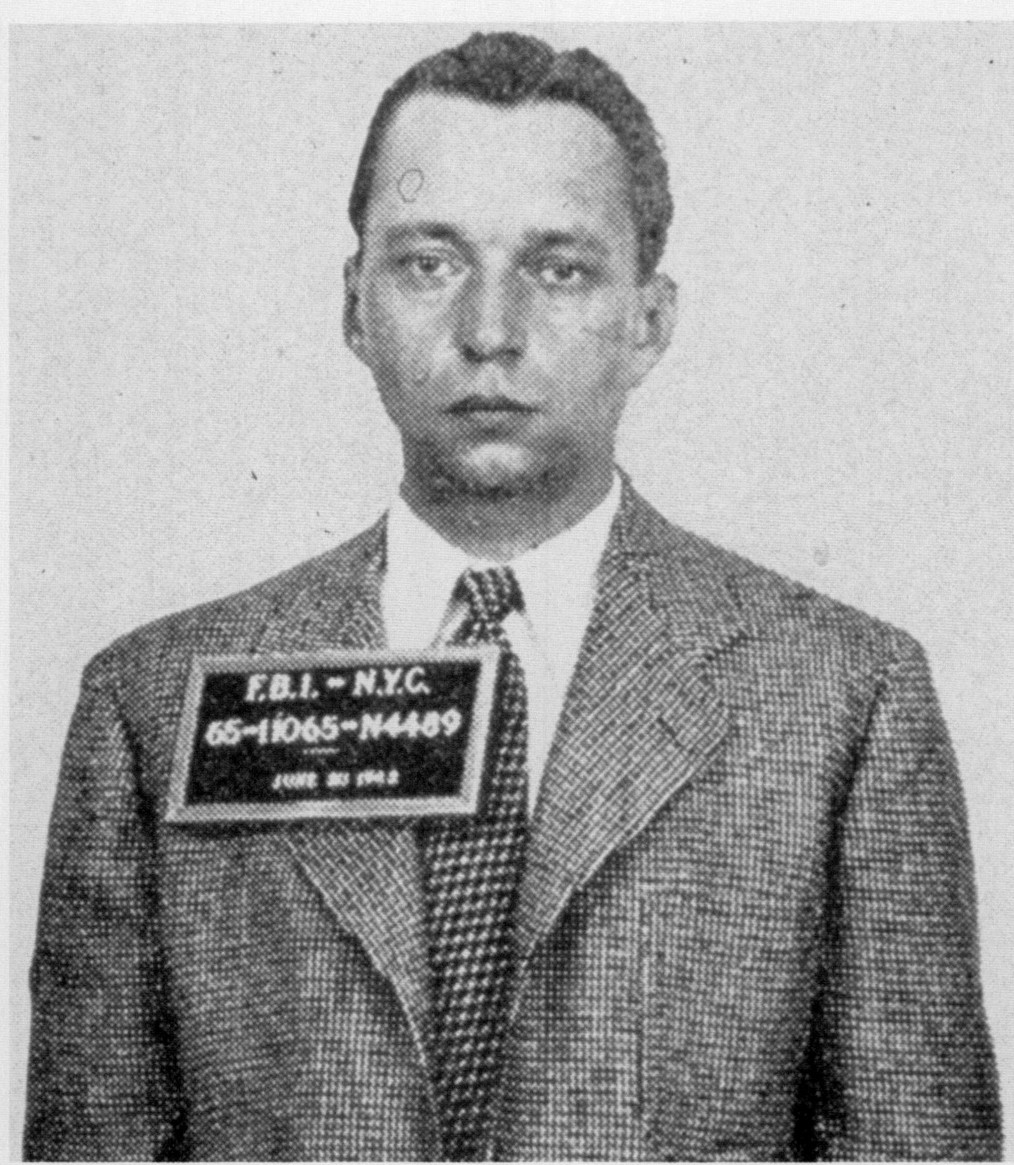

Oben: Der deutsche Spion Ernest Burger. Er wurde festgenommen, nachdem einer seiner Leute sich dem FBI gestellt hatte.

Am 13. Juni 1942, ungefähr zehn Minuten nach Mitternacht, gingen vier Männer aus einem deutschen U-Boot an der Küste von Long Island im US-Bundesstaat New York an Land. Ihr Auftrag: Sie sollten die Produktion amerikanischer Ausrüstung und Versorgungsgüter sabotieren und in der US-Bevölkerung Angst verbreiten.

Die Männer hatten 175 200 Dollar und genug Sprengstoff für einen zweijährigen Feldzug bei sich, aber ihre Mission scheiterte schon nach 48 Stunden. Am Abend des 14. Juni verlor George John Dasch, der Anführer der Gruppe, die Nerven und stellte sich mit einem Telefonanruf in New York dem FBI.

Wenige Tage später hatte man ihn in Gewahrsam genommen und verhört. Bei der Durchsuchung seiner Habseligkeiten stießen die FBI-Agenten auf ein Taschentuch, das man einem Test mit Ammoniakdampf unterzog. Dabei wurde unsichtbare Schrift sichtbar, aufgebracht mit einer Kupfersulfatverbindung. Aufgeführt waren Namen, Adressen und Kontaktpersonen für Daschs Gruppe und eine zweite Mannschaft von Saboteuren, die in Florida an Land gegangen war. Die Verschwörung war aufgedeckt. Dasch und ein anderer Spion namens Ernest Burger waren die einzigen beiden der acht Männer, die im folgenden Monat nicht hingerichtet wurden.

Wie die Nazi-Saboteure, so haben Spion:innen schon immer in der Geschichte unsichtbare Tinte und andere Formen der Steganografie verwendet, um Informationen vor dem Feind zu verbergen. Die Bedeutung einer Nachricht durch Kryptografie zu tarnen, reicht für Spion:innen, die inkognito arbeiten, nicht aus – vielmehr müssen sie die Tatsache verbergen, dass es überhaupt eine Nachricht gibt.

Eine Methode bedient sich eines Kartenspiels. Die Karten werden in einer festgelegten Reihenfolge angeordnet, und auf die Seiten des Stapels wird die Nachricht geschrieben. Werden die Karten gemischt, sind die Markierungen auf den Kanten nahezu unsichtbar, bis der Empfänger sie wieder in die richtige Ordnung bringt.

Im antiken Griechenland beschrieb auch Aineas der Taktiker eine Methode, in einem Buch oder einer Nachricht winzige Löcher über oder unter vorhandenen Buchstaben anzubringen und so geheime Nachrichten zu übermitteln – ganz ähnliche Methoden waren auch während der Kriege des 20. Jahrhunderts in Gebrauch.

Ein anderes Mittel, um geheime Informationen auf winzigem Raum unterzubringen, soll von Deutschen während des Zweiten Weltkrieges entwickelt worden sein: die sogenannten Mikropunkte. Ein Bild wird fotografiert und auf die Ausmaße eines mit Schreibmaschine geschriebenen Punktes am Ende eines Satzes verkleinert. Diese winzigen Punkte konnte man in Briefen oder Telegrammen verstecken, die auf normalen Wegen zugestellt wurden. Die vorgesehenen Empfänger:innen konnten den Inhalt des Punktes dann mit einem Mikroskop lesen.

In neuerer Zeit ist die Steganografie in die digitale Welt vorgedrungen. Nachrichten wurden schon in digitalen Bildern oder Audiodateien versteckt. In geringfügigen Änderungen des Binärcodes der Datei kann man Daten einbetten, die unbemerkt bleiben sollen.

Bei Kriegsende hatte die Mannschaft von Bletchley Park mehr als zweieinhalb Millionen Enigma-Nachrichten entschlüsselt und damit einen bedeutsamen Beitrag zum Sieg der Alliierten geleistet. Die Landung in der Normandie am D-Day wäre ohne die Möglichkeit, deutsche Nachrichten zu lesen, sicher beträchtlich schwieriger gewesen. Mit ihrer Fähigkeit, den Enigma-Code zu brechen, trugen die Männer und Frauen von Bletchley Park mit ziemlicher Sicherheit dazu bei, den Krieg zu verkürzen.

Hitlers Chiffre

Für die meisten geheimen Nachrichten, die innerhalb des deutschen Militärs ausgetauscht wurden, verwendete man verschiedene Varianten der Enigma. Manche Botschaften jedoch – insbesondere solche, die Hitler selbst an seine verschiedenen Generäle schickte – wurden selbst für diese vermeintlich sichere Verschlüsselungsmethode als zu geheim eingestuft.

Nachrichten, die nicht mit der Enigma, sondern mit einem anderen Chiffresystem verschlüsselt waren, wurden erstmals 1940 abgefangen. Die Codeknacker:innen in BP bezeichneten solche Nachrichten mit dem allgemeinen Spitznamen *Fish* (Fisch).

Wie sich später herausstellte, wurden diese Nachrichten mit einer Maschine verschlüsselt, die viel größer als die tragbaren Enigma-Geräte war. Die Lorenz SZ40 enthielt zwölf Rotoren und war damit fast unvorstellbar viel komplizierter als die Enigma. Die Codeknacker:innen von BP wussten von der Maschine natürlich nur aufgrund der von ihr erzeugten verschlüsselten Nachrichten. Dieser unbekannten Maschine gaben sie den Namen *Tunny* (Thunfisch). Im weiteren Kriegsverlauf erhielten auch andere von den Deutschen benutzte Verschlüsselungsmaschinen die Namen von Fischen wie beispielsweise *Sturgeon* (Stör). Der Schlüssel zu der Komplexität der Lorenz-Maschine war die scheinbar zufällige Verteilung der Buchstaben, die von den zwölf Rotoren erzeugt wurden. Wie bei der Enigma drehten sich die Rotoren der Lorenz-Maschine nach jedem Buchstaben weiter. Fünf von ihnen rotierten regelmäßig, fünf weitere je nach der Einstellung von zwei Nockenrädern. „Fisch"-Nachrichten waren also nur zu entschlüsseln, wenn man die richtigen Anfangseinstellungen der Rotoren kannte.

Dass die Codeknacker:innen von BP herausfinden konnten, wie der „Thunfisch" aufgebaut war, verdankten sie dem Fehler eines deutschen Verschlüsslers im August 1941. Er hatte eine lange Nachricht verschickt, aber diese war bei der Übertragung beschädigt worden. Der Verschlüssler schickte die Nachricht noch einmal mit dem gleichen Schlüssel, wobei aber einige Wörter abgekürzt waren. Beide Nachrichten wurden von

Codeanalyse
Der Schlüsselzusatz

Das „SZ“ in der Typenbezeichnung der Lorenz-Maschine bedeutete „Schlüsselzusatz“, und der bildete die Grundlage für die Verschlüsselung. Die Maschine stellte Buchstaben mit einer fünf Zeichen langen Kette aus binären Nullen und Einsen dar. Der Buchstabe **A** lautete beispielsweise 11000, und **L** war 01001.

Verschlüsselt wurden die einzelnen Buchstaben durch eine Kombination ihrer binären Darstellung mit der Darstellung eines anderen Buchstaben mithilfe einer Operation namens „exklusives Oder“ (XOR). Diese Operation hat bei einzelnen Binärzahlen die folgenden Eigenschaften:

0 X OR 0 = 0
0 X OR 1 = 1
1 X OR 0 = 1
1 X OR 1 = 0

Kombiniert man also die Buchstaben **A** und **L**, so ergibt sich:

A =	1 1 0 0 0
L =	0 1 0 0 1
XOR	1 0 0 0 1

10001 ist aber die Darstellung des Buchstaben **Z**, also würde die Lorenz-Maschine das **A** als **Z** codieren.

Der Empfänger der Nachricht geht umgekehrt vor:

	Z = 1 0 0 0 1
	L = 0 1 0 0 1
XOR	1 1 0 0 0

Damit gelangt die binäre Darstellung wieder zu dem Buchstaben **A**, von dem wir ausgegangen waren.

Lauschstationen der Alliierten abgefangen und nach BP weitergegeben. Nun konnten die alliierten Fachleute für Kryptoanalyse die Grundkonstruktion nachvollziehen und einen Nachbau konstruieren, den *Heath Robinson,* benannt nach dem Cartoonisten, der für seine Zeichnungen verrückter Erfindungen bekannt war. Leider erwies sich der Nachbau aber als zu langsam und unzuverlässig: Es dauerte mehrere Tage, die Nachrichten mit ihm zu entschlüsseln.

Problematisch war unter anderem, dass zwei gelochte Papierstreifen synchron mit hoher Geschwindigkeit durchlaufen mussten. In BP hatte Alan Turing zuvor bereits in Zusammenarbeit mit dem jungen Fernmeldeingenieur Tommy Flowers die „Bomben" zur Entschlüsselung der Enigma-Nachrichten gebaut, und jetzt bat man ihn wiederum um Hilfe. Flowers

schlug vor, eine Maschine zu konstruieren, in der einer der Papierstreifen durch eine Reihe von Elektronenröhren ersetzt wurde, die wie digitale Schalter arbeiteten; damit waren die Synchronisationsprobleme beseitigt.

Zum Bau der Maschine waren zehn Monate und 1500 Röhren erforderlich, aber im Dezember 1943 wurde das erste Exemplar in BP installiert und nahm seine Arbeit auf.

Die Maschine, Colossus genannt, war der erste programmierbare Computer der Welt. Sie nahm einen ganzen Raum in Anspruch und wog eine Tonne, aber mit der Röhrentechnologie konnte sie eine Lorenz-verschlüsselte Nachricht nicht erst nach Tagen, sondern in wenigen Stunden entschlüsseln. Die Maschine verglich die beiden Datenströme und zählte auf der Grundlage einer programmierbaren Funktion alle Übereinstim-

Oben und gegenüber: Die Colossus-Maschine, der erste programmierbare Computer der Welt.

PURPLE UND PEARL HARBOR

Oben: Die japanische Purple-Maschine

Auch in Japan wurden Nachrichten während des Zweiten Weltkrieges verschlüsselt. Für den hochrangigen diplomatischen Nachrichtenverkehr benutzte man dazu seit 1938 eine Maschine, die unter dem Namen *97-shiki obun Inji-ki* bekannt war und Eingaben mit lateinischen Buchstaben annahm. Die von dieser Maschine erzeugten Chiffren wurden von amerikanischen Codeknacker:innen aufgrund einer Tradition, wonach japanische Chiffren nach Farben benannt wurden, als *Purple* bezeichnet.

Anders als die Enigma-Maschine arbeitete Purple nicht mit Rotoren, sondern mit Stufenschaltern, wie man sie in ähnlicher Form auch in Telefonvermittlungsstellen verwendete. Jeder Schalter hatte 25 Positionen und schaltete auf die nächste Position um, wenn ein elektrischer Impuls eintraf. Im Inneren der Maschine war das Alphabet in zwei Gruppen aufgeteilt, von denen eine aus sechs Buchstaben (den Vokalen sowie dem Buchstaben **Y**) und die andere aus den 20 Konsonanten bestand. Für die Vokale gab es einen Schalter, der bei jedem eingegebenen Buchstaben um einen Schritt weiterrückte. Für die Konsonanten existierten drei verbundene Schalter mit 25 Positionen, die wie der Kilometerzähler in einem Auto rotierten.

Japan hielt die mit Purple erzeugten Chiffren für nicht entzifferbar. Aber beim Signals Intelligence Service (SIS) der US-Armee gelang es dessen Leiter William F. Friedman und dem Kryptoanalytiker Frank Rowlett, sie zu knacken. Vielleicht der größte Fortschritt auf dem Weg dorthin gelang Leo Rosen, der beim SIS einen Nachbau der japanischen Maschine konstruieren konnte.

Mit dieser Kopie und einer kryptoanalytischen Methode zur Aufdeckung der von der Maschine genutzten Schlüssel konnte der SIS seit Ende 1940 eine große Zahl Purple-chiffrierter Nachrichten lesen. Die kryptoanalytischen Verfahren ähnelten denen, die man zur Entzifferung der Enigma-Chiffre verwendet hatte. Häufig verwendete Gruß- und Abschlussformulierungen dienten als wahrscheinliche Wörter, und anhand von Nachrichten, die irrtümlich mehrmals verschickt worden waren, knackte man die „unknackbare" Verschlüsselung.

Auch wenn man die Grundkonstruktion von Purple kannte – immer noch musste man die Schlüssel herausfinden, und deshalb waren die Erkenntnisse, die sich aus dem Durchbruch des SIS ergaben, im besten Fall bruchstückhaft.

Bevor die Vereinigten Staaten in den Zweiten Weltkrieg eintraten, waren sie mit Japan in einem Wirtschaftskrieg um die Vorherrschaft im Pazifik verwickelt. Manche entschlüsselten Nachrichten lieferten der US-Regierung die Erkenntnis, dass Japan häufig über diplomatische Kanäle das eine sagte und dann wiederholt das andere tat. Viele Fachleute für Kryptoanalyse glauben allerdings, dass die Möglichkeit, Purple-Nachrichten zu lesen, in den Vereinigten Staaten zu einer Selbstzufriedenheit führte, aus der das Land nur wenige Jahre später brutal herausgerissen werden sollte.

Am 7. Dezember 1941 hatte man eine bei der japanischen Botschaft abgefangene, Purple-verschlüsselte Nachricht über den Abbruch der diplomatischen Beziehungen mit den Vereinigten Staaten entziffert, doch gelangte sie nicht schnell genug ins Außenministerium, um dort zu bemerken, dass sie sich auf den folgenden Angriff auf Pearl Harbor bezog. In der Nachricht wurde der Angriff allerdings nicht ausdrücklich erwähnt; daher ist es unwahrscheinlich, dass man rechtzeitig irgendetwas hätte unternehmen können.

mungen. Im Juni 1944 wurde eine verbesserte Colossus Mark II installiert, und bis zum Ende des Krieges waren in BP insgesamt zehn Exemplare mit einer noch größeren Zahl von Röhren in Betrieb.

Gespräche im Navajo-Code

Zu den brutalen Schlachten, die amerikanische und japanische Streitkräfte während des Zweiten Weltkrieges auf dem pazifischen Kriegsschauplatz ausfochten, gehört auch ein kryptografischer Kampf mit hohem Einsatz. Die japanische Armee hatte eine Mannschaft gut ausgebildeter, Englisch sprechender Soldaten aufgebaut, die man einsetzte, um Nachrichten ab-

Unten: Navajo-Marines bedienen hinter den Frontlinien von Bougainville auf den Salomonen im Dezember 1943 ein tragbares Funkgerät.

zufangen und zu sabotieren. Dem amerikanischen Militär standen eigene hochentwickelte Verschlüsselungssysteme zur Verfügung, darunter die von Frank Rowlett beim SIS entwickelte SIGABA-Chiffremaschine.

Diese Maschine, auch unter dem Namen Electric Code Machine Mark II bekannt, umging die Einzelschrittbewegungen von Rotoren oder Schaltern, die in der Enigma- und Purple-Maschine stattfanden, denn dies machte es einfacher, den verschlüsselten Text zu entziffern. SIGABA bediente sich stattdessen eines Papierlochstreifens, der nach dem Zufallsprinzip darüber bestimmte, wie sich jeder Rotor nach dem Eintippen des Buchstabens weiterbewegte, sodass die Entzifferung für den Gegner schwieriger wurde. Allgemein geht man davon aus, dass es niemandem gelang, die SIGABA-Nachrichten zu entschlüsseln, solange das Gerät allgemein in Gebrauch war.

Allerdings hatte SIGABA auch einen Nachteil: Es war teuer, sehr groß und kompliziert, sodass es im Feldeinsatz kaum zu gebrauchen war. Im Gefecht konnten Verzögerungen tödlich sein. Während der Kämpfe auf der Insel Guadalcanal beklagten sich beispielsweise leitende Militärs, dass es oft mehr als zwei Stunden dauerte, Nachrichten zu verschicken und zu entschlüsseln, weil die Maschine so empfindlich war und zu langsam arbeitete. Die US-Streitkräfte forderten ein schnelleres System, und dafür fand ein Veteran aus dem Ersten Weltkrieg, der in Kalifornien lebende Ingenieur Philip Johnston, Anfang 1942 eine ideale Lösung.

Johnston, der Sohn eines Missionars, hatte seit seinem vierten Lebensjahr beim Volk der Navajo gelebt und war einer der wenigen Nicht-Navajos, die deren Sprache fließend beherrschten. Nachdem er 1942 einen Artikel über amerikanische Ureinwohner gelesen hatte, die im Zweiten Weltkrieg kämpften, kam er auf die Idee, diese für Nichtmuttersprachler:innen hochkomplexe Sprache zu nutzen, um geheime Nachrichten schnell zu verschicken – von einem Navajo-Signaloffizier zum anderen.

Wenige Tage später hatte Johnston seine Idee dem Major J. E. Jones vorgetragen, dem Nachrichtenoffizier von Camp Elliot. Am 28. Februar zeigte eine Vorführung vor Offizieren, dass zwei Männer vom Volk der Navajo eine dreizeilige Nachricht in 20 Sekunden verschlüsseln, übermitteln und entschlüsseln konnten – die Codierungsmaschinen jener Zeit brauchten für die gleiche Leistung 30 Minuten.

Die Navajo-Kandidaten halfen, ein Wörterbuch zusammenzustellen, und dabei bezeichneten sie militärische Fachausdrücke meist mit Wörtern aus der Natur. Die Namen von Vögeln traten an die Bezeichnungen für Flugzeugtypen, und Fische ersetzten Schiffe. Kurz darauf hatte man

Codeanalyse
Der Navajo-Code

Klartextwort	**Codewort**	**Navajo-Übersetzung**
Kampfflugzeug	*Hummingbird* (Kolibri)	Da-he-tih-hi
Aufklärungsflugzeug	*Owl* (Eule)	Ne-as-jah Torpedo
Torpedoflugzeug	*Swallow* (Schwalbe)	Tas-chizzie
Bomber	*Buzzards* (Bussard)	Jay-sho
Sturzkampfbomber	*Chicken Hawk* (Raubvogel)	Gini
Bomben	*Eggs* (Eier)	A-ye-shi
Amphibienfahrzeug	*Frog* (Frosch)	Chal
Schlachtschiff	*Whale* (Wal)	Lo-tso
Zerstörer	*Shark* (Hai)	Ca-lo
U-Boot	*Iron fish* (Eisenfisch)	Besh-lo

Das vollständige Wörterbuch enthielt 274 Wörter, aber es blieben Probleme mit der Übersetzung unvorhergesehener Begriffe und auch der Namen von Menschen und Orten. Als Lösung entwickelte man ein codiertes Alphabet, mit dem schwierige Wörter buchstabiert werden konnten. Das Wort *Navy* (Marine) zum Beispiel konnte man ins Navajo als „*nesh-chee* (Nuss) *wol-la-chee* (Ameise) *a-keh-di-glin* (Sieger, auf englisch victor) *tsah-as-zoh* (Yucca)" übersetzen. Außerdem gab es für jeden Buchstaben mehrere Abwandlungen. Für den Buchstaben **a** standen beispielsweise die Navajo-Wörter *wol-la-chee* (Ameise), *be-la-sana* (Apfel) und *tse-nill* (Axt). Die nachfolgende Tabelle zeigt einige Navajo-Wörter, die für die einzelnen Buchstaben verwendet wurden:

A	*Ant* (Ameise)	Wol-la-chee	N	*Nut* (Nuss)	Nesh-chee
B	*Bear* (Bär)	Shush	O	*Owl* (Eule)	Ne-ahs-jsh
C	*Cat* (Katze)	Moasi	P	*Pig* (Schwein)	Bi-sodih
D	*Deer* (Hirsch)	Be	Q	*Quiver* (Köcher)	Ca-yeilth
E	*Elk* (Elch)	Dzeh	R	*Rabbit* (Kaninchen)	Gah
F	*Fox* (Fuchs)	Ma-e	S	*Sheep* (Schaf)	Dibeh
G	*Goat* (Ziege)	Klizzie	T	*Turkey* (Truthahn)	Than-zie
H	*Horse* (Pferd)	Lin	U	*Ute* (Nutzfahrzeug)	No-da-ih
I	*Ice* (Eis)	Tkin	V	*Victor* (Sieger)	A-keh-di-glin
J	*Jackass* (Esel)	Tkele-cho-gi	W	*Weasel* (Wiesel)	Gloe-ih
K	*Kid* (Kind)	Klizzie-yazzi	X	*Cross* (Kreuz)	Al-an-as-dzoh
L	*Lamb* (Lamm)	Dibeh-yazzi	Y	*Yucca* (Yucca)	Tsah-as-zih
M	*Mouse* (Maus)	Na-as-tso-si	Z	*Zinc* (Zink)	Besh-do-gliz

29 Navajo-Männer für die Mission ausgewählt und ging daran, den ersten Navajo-Code zu erstellen.

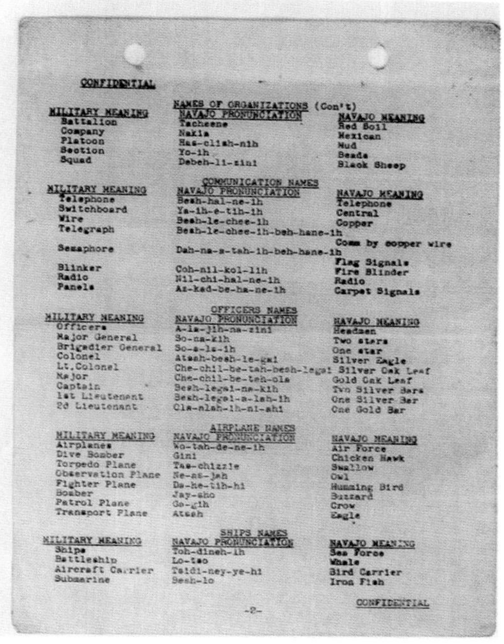

CONFIDENTIAL

NAMES OF ORGANIZATIONS (Con't)

MILITARY MEANING	NAVAJO PRONUNCIATION	NAVAJO MEANING
Battalion	Tacheene	Red Soil
Company	Nakia	Mexican
Platoon	Has-clish-nih	Mud
Section	Yo-ih	Beads
Squad	Debeh-li-zini	Black Sheep

COMMUNICATION NAMES

MILITARY MEANING	NAVAJO PRONUNCIATION	NAVAJO MEANING
Telephone	Besh-hal-ne-ih	Telephone
Switchboard	Ya-ih-e-tih-ih	Central
Wire	Besh-le-chee-ih	Copper
Telegraph	Besh-le-chee-ih-beh-hane-ih	Comm by copper wire
Semaphore	Dah-na-a-tah-ih-beh-hane-ih	Flag Signals
Blinker	Coh-nil-kol-lih	Fire Blinder
Radio	Nil-chi-hal-ne-ih	Radio
Panels	Az-kad-be-ha-ne-ih	Carpet Signals

OFFICERS NAMES

MILITARY MEANING	NAVAJO PRONUNCIATION	NAVAJO MEANING
Officers	A-la-jih-na-zini	Headmen
Major General	So-na-kih	Two stars
Brigadier General	So-a-la-ih	One star
Colonel	Atsah-besh-le-gai	Silver Eagle
Lt.Colonel	Che-chil-be-tah-besh-legai	Silver Oak Leaf
Major	Che-chil-be-tah-ola	Gold Oak Leaf
Captain	Besh-legai-na-kih	Two Silver Bars
1st Lieutenant	Besh-legai-a-lah-ih	One Silver Bar
2d Lieutenant	Ola-alah-ih-ni-ahi	One Gold Bar

AIRPLANE NAMES

MILITARY MEANING	NAVAJO PRONUNCIATION	NAVAJO MEANING
Airplanes	Wo-tah-de-ne-ih	Air Force
Dive Bomber	Gini	Chicken Hawk
Torpedo Plane	Tas-chizzie	Swallow
Observation Plane	Ne-as-jah	Owl
Fighter Plane	Da-he-tih-hi	Humming Bird
Bomber	Jay-sho	Buzzard
Patrol Plane	Ga-gih	Crow
Transport Plane	Atsah	Eagle

SHIPS NAMES

MILITARY MEANING	NAVAJO PRONUNCIATION	NAVAJO MEANING
Ships	Toh-dineh-ih	Sea Force
Battleship	Lo-tso	Whale
Aircraft Carrier	Tsidi-ney-ye-hi	Bird Carrier
Submarine	Besh-lo	Iron Fish

-2-

CONFIDENTIAL

Oben: Der Navajo-Code

Nach dem Training mussten sich die Codesprecher einer Prüfung unterziehen, die sie ohne Weiteres bestanden. Man übersetzte eine Reihe von Nachrichten ins Navajo, übermittelte sie und übersetzte sie ins Englische zurück; sie stimmten wortwörtlich.

Als Nächstes erhielt die angesehene Geheimdiensteinheit der Navy die Gelegenheit, den Code zu knacken, aber nach drei Wochen war sie mit ihrem Latein am Ende. Die Navajo-Sprache, so erklärte sie, sei eine „seltsame Abfolge von gutturalen, nasalen und zungenbrecherischen Lauten". „Wir konnten sie nicht einmal transkribieren und erst recht nicht entschlüsseln."

Der Code wurde als Erfolg eingestuft, und im August 1942 landete eine Gruppe von 27 Codesprechern auf Guadalcanal, wo die Vereinigten Staaten und ihre Verbündeten einen brutalen Feldzug gegen Japan unternahmen. Sie waren die ersten von insgesamt 420 Navajo-Codesprechern, die von 1942 bis 1945 an sämtlichen Angriffen der US-Marines in Territorien wie Guam, Iwojima, Okinawa, Peleliu, Saipan, Bougainville und Tarawa teilnahmen.

Die Navajo-Signalübermittler spielten eine zentrale Rolle. Auf Iwojima arbeiteten sechs Navajo-Codesprecher unter der Leitung von Major Howard Connor, Signaloffizier der 5th Marine Division, an den ersten beiden Tagen der Schlacht rund um die Uhr. Die sechs Männer übermittelten und empfingen mehr als 800 Nachrichten ohne einen einzigen Fehler. Major Connor erklärte: „Ohne die Navajos hätten die Marines Iwojima niemals eingenommen."

Tatsächlich blieb der Navajo-Code für die japanischen Codeknacker undurchdringlich. Bei Kriegsende räumte der japanische Geheimdienstchef Generalleutnant Seizo Arisue ein, das Militär seines Landes habe zwar den amerikanischen Luftwaffencode geknackt, aber mit dem Navajo-Code sei man kein Stück vorangekommen.

Die Geschichte der Navajo-Codesprecher ist heute in der ganzen Welt bekannt, aber bis 1968 blieben sie und ihr Code im Interesse der nationalen Sicherheit der Vereinigten Staaten geheim. Erst 1982 wurden sie von der US-Regierung geehrt, indem diese den 14. August zum „Nationalen Tag der Navajo-Codesprecher" erklärte. Die ursprünglichen Codesprecher wurden mit der Goldmedaille des Kongresses ausgezeichnet, spätere Codesprecher erhielten die Silbermedaille.

Die Schlacht der Codes im Kalten Krieg

Die Anfänge des Kalten Krieges zeichneten sich bereits im Zweiten Weltkrieg ab, obwohl die Vereinigten Staaten und die Sowjetunion verbündet waren. Anfang 1943 begann der SIS mit einem Geheimprogramm zur Überwachung sowjetischer diplomatischer Kommunikation. Das Hauptquartier befand sich in Arlington Hall im Bundesstaat Virginia. Die Initiative zu dem Programm namens Venona ging von Miss Gene Grabeel aus, einer ehemaligen Lehrerin. Nach Kriegsende gesellte sich der Linguist Meredith Gardner zu ihr, der während des Krieges an einigen deutschen und japanischen Codes gearbeitet hatte und für die nächsten 27 Jahre zum wichtigsten Übersetzer und Analytiker von Venona werden sollte.

Wie sich herausstellte, waren alle von Venona bearbeiteten Nachrichten je nach Absender mit einem von fünf Systemen verschlüsselt: Der KGB, die Geheimdienstdirektion des Generalstabes der Sowjetarmee, der sowjetische Marinegeheimdienst, Diplomaten und Wirtschaftsvertreter nutzten jeweils ein abweichendes System. Als Erster knackte Leutnant Richard Hallock, ein früherer Archäologe, eine Nachricht von Wirtschaftsvertretern. Im folgenden Jahr gewann Cecil Phillips, ein weiterer Kryptoanalytiker, grundlegende Erkenntnisse zum Verschlüsselungssystem des KGB, aber dann brauchte es noch einmal zwei Jahre eingehender analytischer Arbeiten, bevor man die Nachrichten auch lesen konnte.

Alle sowjetischen Chiffresysteme arbeiteten mit doppelter Verschlüsselung. Auf der ersten Verschlüsselungsebene wurden Wörter und Phrasen durch eine Reihe von Zahlen aus einem Codebuch ersetzt. Um die Nachricht noch unkenntlicher zu machen, fügte man weitere Zufallszahlen ein, die man einem gedruckten Notizheft entnahm, von dem die absendende und die empfangende Person jeweils ein Exemplar besaßen. Wären diese One-Time-Pads genannten Einmalvorlagen richtig – nämlich nur einmal und nicht mehrmals – angewendet worden, wäre die Verschlüsselung wahrscheinlich nicht zu brechen gewesen. Aber da manche Einmalvorlagen doppelte Seiten hatten, die auch den Alliierten in die Hände gerieten, fanden die Kryptoanalytiker:innen von Arlington Hall Zugang zu den Nachrichten des KGB.

Oben: Ein B24-Liberator-Bomber im Zweiten Weltkrieg über der Insel Iwojima im Pazifik. Aufgenommen am 23. Dezember 1944.

In einer Nachricht, die Ende 1946 von den Venona-Kryptoanalytiker:innen entschlüsselt wurde, waren die Namen von Wissenschaftler:innen aufgeführt, die am Manhattan-Atombombenprojekt mitgearbeitet hatten. Vielfach herrscht die Ansicht, diese und andere Informationen über die Atombombe hätten die Sowjets in die Lage versetzt, ihre eigenen Waffen viel schneller und preisgünstiger zu entwickeln, als es sonst möglich gewesen wäre – ein entscheidender Aspekt in der Abkühlung der Beziehungen zwischen den beiden Supermächten.

Die mehr als 3000 Venona-Nachrichten waren mit Decknamen gespickt, mit denen man nicht nur die Identität sowjetischer Spion:innen, sondern auch anderer Personen und Orte geheim halten wollte. Einige Beispiele finden Sie auf der nächsten Seite.

Deckname	Klarname
KAPITAN	Präsident Roosevelt
BABYLON	San Francisco
ARSENAL	US-Verteidigungsministerium
THE BANK	US-Außenministerium
ENORMOZ	Manhattan-Projekt/Atombombe

Vieles, was man aus den Venona-Nachrichten entnommen hatte, lieferte den Vereinigten Staaten wichtige Informationen über die Spionagepraxis des KGB, das heißt über die praktischen Methoden von Spionage und Gegenspionage wie die Anwendung von Abhörgeräten.

Zu den sowjetischen Agent:innen, die durch Venona enttarnt wurden, gehörte Julius Rosenberg, der in den Vereinigten Staaten 1953 zusammen mit seiner Frau Ethel hingerichtet wurde, nachdem man die beiden der

Unten: David Greenglass (linkes Foto, links) und Julius Rosenberg (rechtes Foto, links) bei ihrer Ankunft im Gericht vor der Verurteilung wegen Mitwirkung an einem Spionagering.

Spionage und einer Gefährdung der nationalen Sicherheit für schuldig befunden hatte. Ihre Verurteilung und Hinrichtung war immer umstritten. Die Urteile basierten auf Aussagen von Ethels Bruder David Greenglass: Dieser hatte im Labor von Los Alamos gearbeitet und erklärt, er habe seiner Schwester und ihrem Ehemann geheime Informationen zugänglich gemacht, die diese dann an die Sowjets weitergeleitet hätten. Greenglass war in den Venona-Nachrichten mit dem Decknamen Calibre identifiziert worden.

Oben: Das Logo der NSA

Viele Beobachter hielten Greenglass' Aussage jedoch für lückenhaft und stellten die Frage, in welchem Umfang Ethel Rosenberg in die Angelegenheit verwickelt gewesen war. Als die Venona-Nachrichten 1995 schließlich veröffentlicht wurden, lieferten sie keine Informationen, die Ethel belastet hätten, aber sie zeigten, dass Julius unter den Decknamen Antenna und Liberal operiert hatte.

Im Jahr 1952 gründete der US-Präsident Harry Truman die National Security Agency (NSA), in der nun die kryptologischen Dienste der verschiedenen Teilstreitkräfte zusammengefasst wurden. Ihr Hauptquartier befand sich anfangs in Fort Knox in Kentucky, das vor allem als Lager der Goldreserven bekannt ist, aber schließlich wurde es in Fort Meade in Maryland angesiedelt, und dort ist es bis heute.

In den 1950er-Jahren geriet die Kryptoanalyse in den Vereinigten Staaten, was aktuelle Geheimdienstberichte anging, ein wenig ins Hintertreffen, weil man zunehmend auf Überläufer:innen zurückgreifen konnte. Dennoch setzte Venona seine Arbeit an den Nachrichten aus Kriegszeiten bis 1980 fort, und viele sowjetische Agent:innen enttarnte man noch in den 1960er- und 1970er-Jahren durch die fortgesetzte Arbeit von Venona. Erst 1995, mit der Veröffentlichung aller 3000 im Rahmen des Programms bearbeiteten Nachrichten, wurde der Öffentlichkeit die große Rolle der Kryptoanalyse im Kalten Krieg bewusst.

Kapitel 5

Geschwindigkeit

Im Online-Zeitalter schützt leistungsfähige digitale Verschlüsselung die Daten vor Cyberkriminellen.
Asymmetrische Verschlüsselung · Faktorisierung · Advanced Encryption Standard

Kriminelle nutzen häufig Codes und Chiffren, um ihre Tätigkeiten zu verschleiern. Im Laufe der letzten hundert Jahre mussten Sicherheitsbehörden ihr Wissen über Kryptoanalyse zu einem Spezialwissen aufrüsten – nur so konnten sie diesen immer einen Schritt voraus sein. Aber die Aussicht auf enorme finanzielle Beute ließ auch Kriminelle von einfachen Chiffren zu hochentwickelter Technologie wechseln, um ihre illegalen Aktivitäten geheim zu halten.

Gleichzeitig mussten nun aber auch Internetbanken, Online-Shops und andere Unternehmen, die Kommunikationskanäle für Transaktionen nutzen, die finanziellen Daten ihrer Kundschaft mithilfe der Kryptologie geheim halten. Hacker:innen und Cyberkriminelle bedienen sich ihrerseits der Kryptoanalyse, um einen Teil der Milliarden, die rund um die Erde fließen, auf ihre eigenen Bankkonten umzulenken.

Das Problem des Schlüsselwechsels

Wenn es Methoden gibt, um Nachrichten so zu verschlüsseln, dass sie praktisch oder vollständig unentzifferbar sind, stellt sich die Frage: Warum verwendet man überhaupt noch weniger leistungsfähige Verschlüsselungsmethoden? Die Antwort: Solche sehr sicheren Verschlüsselungssysteme lassen sich in der Realität oft nicht anwenden. Wenn die Verschlüsselung zu viel Zeit erfordert, muss man sich für eine Methode entscheiden, in der das Sicherheitslevel zugunsten der Geschwindigkeit sinkt.

Gegenüber: Ein Glasfaserkabel

Oben: Das GCHQ (Government Communications Headquarters), eine britische Geheimdienstorganisation

Weiterhin stehen alle, die eine verschlüsselte Nachricht versenden wollen, vor der Frage, woher die Empfangenden wissen sollen, wie die Nachricht ursprünglich verschlüsselt wurde. Bei Chiffren wie der alphabetischen Substitution besteht die Schwierigkeit darin, dass unerwünschte Mitlesende alle nachfolgenden Nachrichten leicht entziffern können, sobald das Verschlüsselungssystem bekannt ist.

Beide Schwierigkeiten werden durch asymmetrische Verschlüsselungsverfahren (Public-Key-Verschlüsselung) umgangen. Dabei werden eigentlich zwei Schlüssel angewendet: Der eine wird öffentlich gemacht, der andere bleibt geheim. Beide Schlüssel werden von einer anerkannten Zertifizierungsbehörde ausgegeben. Der öffentliche Schlüssel hat die Form eines elektronischen Zertifikates, das in einem Verzeichnis abgelegt wird und für alle zugänglich ist, die mit dem Inhaber oder der Inhaberin kommunizieren wollen. Bei dem öffentlichen wie bei dem privaten Schlüssel handelt es sich letztlich um große Zahlen, die in einer mathematischen Beziehung stehen. Deshalb lässt sich jede Nachricht mit einem von beiden verschlüsseln, und der jeweils andere muss zur Entschlüsselung verwendet werden.

Die Entwicklung der Public-Key-Verschlüsselung begann Anfang der 1970er-Jahre. Damals arbeiteten James Ellis, Clifford Cocks und Malcolm Williamson in Großbritannien für das Government Communications Headquarters (GCHQ), die Organisation, die aus Bletchley Park hervorgegangen war. Das Projekt galt als so geheim, dass es erst 1997 veröffentlicht wurde. In der Zwischenzeit waren Whitfield Diffie und Martin Hellman an der Stanford University in den Vereinigten Staaten unabhängig davon auf die gleiche Idee gekommen, und deshalb wird das Verfahren manchmal auch als Diffie-Hellman-Verschlüsselung bezeichnet.

Zu wissen, dass die Schlüssel in einer mathematischen Beziehung stehen, ist aber für potenzielle Codebrecher:innen kein ausreichender Anhaltspunkt, denn von dem einen zum anderen zu gelangen, gilt als so schwierig, dass es in der Praxis unmöglich ist. Symmetrische Chiffren verwenden zur Ver- und Entschlüsselung den gleichen Schlüssel, beispielsweise eine einfache alphabetische Substitution. Werden dagegen zur Ver- und Entschlüsselung unterschiedliche Schlüssel verwendet, spricht man von einer asymmetrischen Chiffre.

Public-Key-Verschlüsselung hat den großen Vorteil, dass man keine zentrale Datenbank braucht, anhand derer die Schlüssel verifiziert werden müssen. Damit verringert sich die Wahrscheinlichkeit, dass der Schlüssel während des Verifikationsprozesses abgefangen wird, wenn jemand den Kommunikationskanal anzapft.

Wie die Public-Key-Verschlüsselung praxistauglich wurde

Mit den Arbeiten für das GCHQ und in Stanford wurden zwar die Grundlagen für die Public-Key-Verschlüsselung gelegt, der Durchbruch in der Praxis gelang jedoch erst Ronald Rivest, Adi Shamir und Leonard Adleman, drei Wissenschaftlern am Massachusetts Institute of Technology (MIT). Die drei fanden eine mathematische Methode, mit der man sehr einfach den Zusammenhang zwischen öffentlichen und privaten Schlüsseln herstellen konnte und der außerdem den Austausch digitaler Signaturen ermöglichte – eine Methode, um die Absenderidentität elektronisch zu bestätigen. Die Methode arbeitete mit Faktoren und Primzahlen.

Die Faktoren einer beliebigen Zahl sind diejenigen ganzen Zahlen, durch die sich diese exakt teilen lässt, ohne dass ein Rest bleibt. Die Faktoren der Zahl 6 sind beispielsweise 1, 2, 3 und 6, denn wenn man 6 durch eine davon teilt, bleibt eine ganze Zahl ohne Rest übrig. Die Zahl 4 ist kein Faktor von 6, denn 6 dividiert durch 4 ist 1 mit dem Rest 2. Als Primzahl bezeichnet man eine Zahl, zu der es nur zwei Faktoren gibt: die Zahl selbst und die Zahl 1. Wie man sofort erkennt, gehört die Zahl 6 nicht in diese Kategorie, denn sie hat vier Faktoren. Die Zahl 5 dagegen lässt sich nur durch sich selbst und durch 1 dividieren, das heißt, sie ist eine Primzahl.

Auf der Grundlage dieser Definition können wir die ersten Primzahlen aufzählen: 2, 3, 5, 7, 11, 13, 17, 19, 23, 29, 31. Die 1 gilt nicht als Primzahl, denn sie hat nur einen Faktor. Die beiden größten Zahlen aus der Liste lassen sich sehr schnell multiplizieren: 29 x 31. Mit einem Taschenrechner dauert das nur Sekunden. Einigermaßen schnell schafft man es wohl auch mit Bleistift und Papier, und selbst im Kopf braucht man nicht allzu lange, wenn man die Abkürzung nimmt, zunächst 30 x 31 rechnet und dann 31 subtrahiert – so gelangt man zum Ergebnis 899.

Betrachtet man die Frage aber andersherum, wird sie beträchtlich schwieriger. Wenn man die Zahl 899 hat und fragt, welches ihre beiden Faktoren sind, dauert es mit einem Taschenrechner vielleicht eine Stunde, mit Papier und Bleistift einen Tag und im Kopf eine Woche.

Je größer die Primzahlen werden, desto länger dauert es, sie herauszufinden. Die größte Primzahl, die zur Zeit der Entstehung dieses Buches bekannt war, wurde 2018 gefunden und hat mehr als 24 Millionen Stellen. Zwei solche Zahlen kann ein durchschnittlicher Tischrechner nicht multiplizieren, aber mit ein wenig Rechenleistung ist es möglich. Das Umgekehrte ist jedoch nahezu unvorstellbar zeitaufwendig. Aber wie bei allen Herausforderungen, so gibt es auch bei dieser Menschen, die es wagen: Ein kürzlich gelungener Versuch, einen Schlüssel mit 232 Stellen zu knacken, erforderte die Entsprechung zu mehr als 2000 Jahren Rechenzeit.

Solche mathematischen Spielereien mit Primzahlen bilden die Grundlage der Erfindung von Rivest, Shamir und Adleman. Das von den drei Wissenschaftlern gegründete Unternehmen RSA Security schätzt, dass heute mehr als eine Milliarde Versionen des RSA-Verschlüsselungsstandards in Gebrauch sind. Ein beliebtes Produkt von RSA ist SecurID, ein Hardware-„Token", mit dem sich Nutzer:innen identifizieren können, wenn sie aus der Ferne Zugang zum IT-System eines Unternehmens haben wollen. Dabei loggt man sich über ein Virtual Private Network, eine

Oben: Das Massachusetts Institute of Technology (MIT)

Art elektronischen Sicherheitstunnel, in das Unternehmensnetzwerk ein. Nutzer:innen erhalten dazu einen kleinen Stick mit einem Flüssigkristall-Display. Auf diesem erscheint eine sechsstellige Zahl, die sich alle 60 Sekunden ändert. Um sich im System anzumelden, rufen die User:innen eine Login-Seite auf, identifizieren sich mit einem Zahlencode und fügen die sechs Ziffern hinzu, die gerade auf dem Display zu sehen sind. Anschließend muss noch ein zuvor vergebenes Passwort eingetippt werden. Diese Kombination aus zwei voneinander unabhängigen Komponenten (auf der einen Seite das Wissen über das Passwort, auf der anderen Seite der Besitz des Gegenstandes, der den zweiten Faktor generiert) wird allgemein als Zwei-Faktor-Authentifizierung bezeichnet.

DER ZODIAC-KILLER

Ein Serienmörder veröffentlicht in einer Zeitung einen verschlüsselten Brief, der Hinweise auf seine Identität liefert, wenn er entziffert wird – das klingt ein wenig nach der Handlung eines zweitklassigen Films, aber genau das geschah in den 1960er- und 1970er-Jahren in der kalifornischen Bay Area. In der Region wurden mindestens sieben Morde vermutlich von derselben männlichen Person begangen. Manche vermuten, es könne sich um weit über 30 Opfer handeln.

Die Verbindung des Mörders mit Chiffren ergab sich aus einer Serie von Briefen, die er an Lokalzeitungen geschickt hatte. Im Jahr 1969 gelangten drei verschlüsselte Texte zum *San Francisco Chronicle*, dem *Vallejo Times-Herald* und dem *San Francisco Examiner*. Darin erläuterte er die Motive hinter den Morden.

Die Briefe, die als „dreiteilige Chiffre" bekannt wurden, enthielten rund 50 verschiedene Symbole; manche davon ähnelten denen zur Darstellung der Tierkreiszeichen (siehe Bild unten). Deshalb wurde der Mörder auch als Zodiac-Killer bekannt (engl. *zodiac* = Tierkreis).

Da in der Chiffre mehr als 26 Symbole verwendet wurden, konnte es sich nicht um eine einfache Substitution handeln. Dennoch gelang es dem Lehrer Donald Harden und seiner Frau, die Nachricht in wenigen Stunden zu knacken:

„I like killing people because it is so much fun it is more fun than killing wild game in the forest because man is the most dangerous animal of all to kill something gives me the most thrilling experience it is even better than getting your rocks off with a girl the best part of it is that when I die I will be reborn in paradise and those I have killed will become my slaves I will not give you my name because you will try to slow down or stop my collecting of slaves for afterlife."
(Aus Platzgründen finden Sie die Übersetzung auf www.haupt.ch/verschluesselt.)

Oben: Einer der drei verschlüsselten Texte des Zodiac-Killers

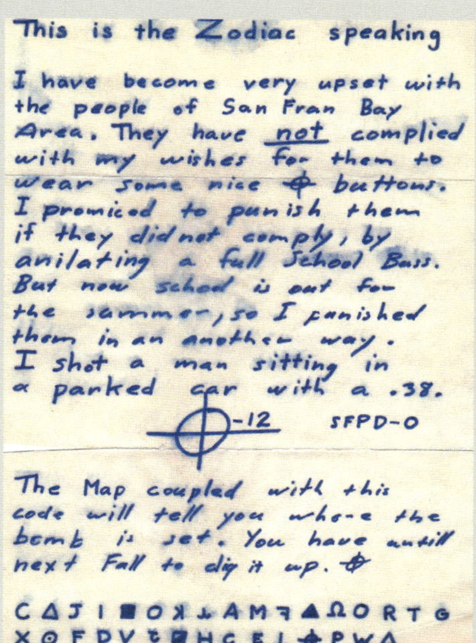

This is the Zodiac speaking

I have become very upset with the people of San Fran Bay Area. They have not complied with my wishes for them to wear some nice ⊕ buttons. I promiced to punish them if they did not comply, by anilating a full School Buss. But now school is out for the summer, so I punished them in an another way. I shot a man sitting in a parked car with a .38.

⊕-12 SFPD-0

The Map coupled with this code will tell you where the bomb is set. You have untill next Fall to dig it up. ⊕

Oben: Einer der Briefe des Zodiac-Killers und eine Landkarte mit der Stelle, an der das Verbrechen stattfinden sollte.

Darüber hinaus enthielt der verschlüsselte Text 18 Zeichen, die anscheinend mit derselben Methode verschlüsselt worden waren. Um die Chiffre zu entschlüsseln, hatten die beiden angenommen, dass der Mörder die Nachricht egoistisch mit „*I*" (ich) beginnen würde und dass sie außerdem die Wörter „*kill*" oder „*killing*" (töten) enthalten dürfte. Und sie hatten recht. Solche „wahrscheinliche Wörter" waren schon lange ein wichtiges Werkzeug im Arsenal der Codeknacker:innen.

Es stellte sich heraus, dass es sich um eine homofone Chiffre handelte, wie sie in Kapitel 1 beschrieben wurde. Dabei wird jeder Buchstabe des Klartextes im Schlüsseltext mit mehreren Zeichen wiedergegeben, um Codeknacker:innen, die sich der Häufigkeitsanalyse bedienen, scheitern zu lassen.

Später schickte der Mörder weitere Briefe an Zeitungen in der Region. Manche davon enthielten ebenfalls verschlüsselte Texte, die bis heute nicht entziffert wurden. Einer sollte angeblich den Namen des Mörders in verschlüsselter Form verraten. Der berühmteste Text ist die sogenannte 340-Buchstaben-Nachricht.

In dem verschlüsselten Text gibt es 63 verschiedene Zeichen, das heißt, es handelt sich wiederum nicht um eine einfache monoalphabetische Substitution, denn in der wären nur 26 Zeichen vorhanden. Mehrere Personen behaupteten, sie hätten die Nachricht mit einem polyalphabetischen Ansatz entschlüsselt, aber keine der bisher vorgeschlagenen Lösungen wurde allgemein anerkannt. Die Entschlüsselung wurde mit zahlreichen Methoden versucht. Komplexe statistische Analysen, in denen Buchstabenwiederholungen in den einzelnen Zeilen und Spalten untersucht wurden, veranlassten manche Kryptoanalytiker:innen zu der Vermutung, die 340-Buchstaben-Nachricht sei nach einem ähnlichen Muster verschlüsselt worden wie die dreiteilige Chiffre, wobei aber manche Wörter des Klartextes rückwärts geschrieben seien. Die Mitteilungen des Mörders hörten 1974 ohne Vorwarnung auf. Der Täter wurde nie gefunden oder zweifelsfrei identifiziert.

Codeanalyse
Asymmetrische Verschlüsselung

Wie die asymmetrische Verschlüsselung (Public-Key-Verschlüsselung) funktioniert, kann man sich an einem stark vereinfachten Beispiel klarmachen. Zu Beginn wählen wir zwei Primzahlen *P* und *Q*. In der Praxis hätten diese Zahlen mehrere Hundert Stellen, aber der besseren Verständlichkeit halber haben wir für *P* die Zahl 11 und für *Q* die 17 gewählt.

Zunächst multiplizieren wir *P* und *Q* und erhalten 181. Diese Zahl wird als Modulus bezeichnet. Nun wählen wir eine zufällige Zahl, die wir *E* nennen und die zwischen 1 und dem Modulus liegt. In diesem Fall entscheiden wir uns für die 3.

Nun müssen wir eine Zahl *D* finden, sodass $(D \times E) - 1$ sich durch $(P - 1) \times (Q - 1)$ ohne Rest teilen lässt. In unserem Beispiel ergibt die Multiplikation von $(P - 1)$ und $(Q - 1)$ (also 10×16) 160. Die Zahl 320 lässt sich durch 160 ohne Rest teilen, und damit können wir einen Wert für *D* folgendermaßen finden:

> Wenn $(D \times E) - 1 = 320$
> und wir für *E* bereits den Wert 3 gewählt haben, dann ist
> $D = 107$.

In diesem stark vereinfachten Beispiel ergibt sich als Wert von *D* eine ganze Zahl, damit die Berechnung möglichst einfach wird. Dies ist aber nicht der einzige mögliche Wert von *D*, denn wir hätten für *E* auch einen anderen Wert wählen können, oder statt von 320 etwa von 480, 640 oder unzähligen anderen Zahlen ausgehen können.

Das Ganze mag sich nach einem mathematischen Trick anhören, aber es macht es fast unmöglich, aus *E* den Wert von *D* oder umgekehrt zu berechnen, solange man nicht die Werte von *P* und *Q* kennt.

Kommen wir jetzt auf unsere öffentlichen und privaten Schlüssel zurück. Der öffentliche Schlüssel, den wir allen mitteilen, besteht eigentlich aus zwei Zahlen: dem Modulus $(P \times Q)$ und der Zahl *E*, in unserem Beispiel also 181 und 3. Der private Schlüssel ist die Zahl *D*, in unserem Beispiel also 107. Angesichts der Tatsache, dass wir die Werte von *P* und *Q* nicht preisgeben wollen, mag es erstaunlich erscheinen, dass wir den Modulus $(P \times Q)$ allen mitteilen, aber genau das ist das Kernstück der Methode. Sind die Werte von *P* und *Q* groß genug, würde es nahezu eine Ewigkeit dauern, sie durch Faktorisierung des Modulus herauszufinden.

Jetzt können wir diese Schlüssel nutzen, um die Buchstaben in einer Nachricht zu verschlüsseln und zu entschlüsseln. Nummerieren wir zunächst einmal die Buchstaben des Alphabets, sodass **A** = 1 und **Z** = 26. Um einen einzelnen Buchstaben zu verschlüsseln, nehmen wir mit ihm einige weitere Berechnungen vor. Angenommen, wir wollten den Buchstaben **G**, also den siebten Buchstaben des Alphabets, verschlüsseln. Dann arbeiten wir mit der Zahl 7.

Zunächst berechnen wir 7 hoch *E*. „Hoch" ist die mathematische Kurzform für die Aussage, dass wir die gleiche Zahl *E*-mal mit sich selbst multiplizieren; 7 hoch 2 ist also 7 × 7 = 49 oder auch „7 zum Quadrat". 7 hoch 3 ist 7 × 7 × 7 = 343.

Nun bedienen wir uns der sogenannten modularen Arithmetik, das heißt, wir vollziehen jedes Mal nach einem festgelegten Wert, dem Modulus, eine Kehrtwende. Ein gutes Beispiel für modulare Arithmetik ist die Uhrzeit, die auf dem Modulus 24 basiert (das heißt, fünf Stunden nach 22 Uhr ist nicht 27 Uhr, sondern 3 Uhr, weil wir jedes Mal, wenn wir die 24 erreicht haben, wieder bei 0 anfangen.)

Den Modulus, den Wert $P \times Q = 181$, haben wir bereits berechnet. Die Zahl 343 ist in der modularen Arithmetik mit dem Modulus 181 gleichbedeutend mit 162. Diese Zahl ist die verschlüsselte Form des Buchstaben **G**.

Also schicken wir die Zahl 162 und unseren privaten Schlüssel *D* – in dem Beispiel 107 – an den Empfänger, der die Nachricht mit einer ähnlichen Vorgehensweise entschlüsselt. Wer die Nachricht empfängt, berechnet 162 hoch 107 und nutzt dabei wiederum die gleiche modulare Arithmetik. Wie man sich leicht vorstellen kann, ergibt 162, 107-mal mit sich selbst multipliziert, eine riesige absolute Zahl. Sie liegt in der Nähe einer 2 mit 236 Nullen. Aber wir haben ja die modulare Arithmetik angewendet, und dies liefert die Zahl 7, wenn wir die Gesamtsumme jedes Mal, wenn wir bei 181 ankommen, auf 0 zurückstellen. Die entschlüsselte Zahl ist also die 7 – der Buchstabe **G**. Damit ist der erste Buchstabe der Nachricht übermittelt, und wir können das Verfahren auf die gleiche Weise fortsetzen, bis die ganze Nachricht sicher übertragen ist.

Wie man leicht erkennt, ist schon dieses ungeheuer stark vereinfachte Beispiel schwer nachzuvollziehen, und für die Berechnungen braucht es sicherlich einen leistungsfähigen Computer. Hätten wir hier Zahlen verwendet, wie sie bei moderner Verschlüsselungssoftware üblich sind, könnte man die Berechnungen nur mit den leistungsfähigsten Computern der Welt vornehmen.

WIE EDGAR ALLEN POES CHIFFRE GEKNACKT WURDE

Mit seinen mathematischen und sprachlichen Grundkenntnissen entschlüsselte der damals 27-jährige Gil Broza eine Chiffre, die Codeknacker:innen seit über 150 Jahren Rätsel aufgab.

Zum ersten Mal erschien die Chiffre im Dezember 1841 als Rätsel in *Graham's Magazine*. Der Artikel stammte von dem Verschlüsselungsfan und Romancier Edgar Allen Poe. Dieser hatte seine Leserschaft aufgefordert, bei der Zeitschrift verschlüsselte Texte einzureichen, die er dann entziffern wollte. Als die Artikelserie zu Ende war, behauptete Poe, er habe sie alle gelöst – allerdings veröffentlichte er die Lösungen nicht. Am Ende publizierte er selbst zwei Rätseltexte, die angeblich ein gewisser Mister W. B. Tyler eingereicht hatte, und stellte der Leserschaft die Aufgabe, sie zu knacken.

Die verschlüsselten Texte gerieten in Vergessenheit. Das Interesse an ihnen erwachte aber wieder, nachdem Professor Louis Renza vom Dartmouth College die Theorie aufgestellt hatte, dass es sich bei W. B. Tyler um keinen anderen als Poe selbst handelte. In den 1990er-Jahren verfolgte Shawn Rosenheim vom Williams College die Idee weiter, als er für sein Buch *The Cryptographic Imagination: Secret Writing from Edgar Poe to the Internet* recherchierte.

Durch diese Recherchen angeregt, wurde die erste Chiffre 1992 von Professor Terence Whalen, der heute an der University of Illinois in Chicago arbeitet, geknackt. Es stellte sich heraus, dass es sich bei dem mit einer monoalphabetischen Substitution verschlüsselten Klartext um einen Auszug aus einem 1713 erschienenen Schauspiel von Joseph Addison handelte.

Nachdem der erste Text entschlüsselt war, konzentrierte sich die Aufmerksamkeit der Codeknacker:innen auf den zweiten. Rosenheim stellte ihnen 1998 die Aufgabe, den zweiten Schlüsseltext zu entziffern, und lobte für die Person, die das Rätsel löste, einen Preis von 2500 US-Dollar aus. Er erhielt Tausende von Einsendungen. Im Juli 2000 präsentierte Gil Broza eine Lösung, aber die wurde von Rosenheim und seinem Team erst im Oktober anerkannt, vielleicht, so Broza, „weil sie ein wenig in Schockstarre darüber waren, dass der Text sich nicht im Rahmen dessen bewegte, was sie erwartet hatten".

Was vielleicht verwundert: Broza ist kein englischer Muttersprachler. Er wuchs in Israel auf und begann erst mit 14 Jahren, englische Literatur zu lesen. Den ersten Kontakt mit Entschlüsselungsversuchen hatte er durch Kryptogramme in Rätselzeitschriften. Solche Rätsel sind kurze Texte, die mit einer Substitutionschiffre verschlüsselt wurden und sich durch Häufigkeitsanalyse und die Suche nach Wortmustern lösen lassen.

Als Broza die Poe-Chiffre löste, vermutete er, dass es sich um einen englischen Klartext handelte, da die 1992 gelöste Chiffre ebenfalls auf Englisch gewesen war. Ferner ging er davon aus, dass die Textunterbrechungen im Schlüsseltext den Wortzwischenräumen im Klartext entsprachen. Schließlich veranlasste ihn die Wiederholung ähnlich aussehender Wörter wie aml, anl und aol zu der Annahme, dass der Text mit einer polyalphabetischen Substitutionschiffre verschlüsselt war. Alle drei Annahmen erwiesen sich am Ende als richtig.

Broza benötigte zwei Monate, um den Text zu entziffern. Zunächst analysierte er die Häufigkeit von Buchstaben und Wörtern, wobei er ein besonderes Gewicht auf die Suche nach dem Wort „the" legte. Dabei kam aber wenig heraus. Als Nächstes versuchte er, mit Computerprogrammen mögliche Kandidaten für längere Wörter und Kombinationen zu erkennen. Diese Programme halfen ihm, Gruppen nicht aufeinanderfolgender verschlüsselter Wörter, die bestimmte Buchstaben gemeinsam hatten, mit Wortlisten aus dem Internet abzugleichen, darunter eine, die beim Scrabblespiel benutzt wird:

> *„Einen Monat später, als diese sich nicht als hilfreich erwiesen hatten, gelangte ich zu dem Schluss, dass es nur einen möglichen Grund gab: übermäßig viele Fehler, und zwar sowohl falsche Verschlüsselung als auch falsche Übertragung, die aufgetreten waren, als der Setzer die vermutlich handgeschriebene Chiffre setzte. Mit dieser Annahme, dass jedes zweite oder dritte Wort vermutlich falsch geschrieben war, entschloss ich mich, viel großzügiger mit den ‚the'-Substitutionen umzugehen, die nicht von vornherein vielversprechend aussahen."*

Die computergestützte Methode lieferte einige Wortteile, die auf Englisch zu sein schienen, und nach viel mühsamer Kleinarbeit war der Klartext entziffert:

> *It was early spring, warm and sultry glowed the afternoon. The very breezes seemed to share the delicious langour of universal nature, are laden the various and mingled perfumes of the rose and the jessamine, the woodbine and its wildflower. They slowly wafted their fragrant offering to the open window where sat the lovers. The ardent sun shoot fell upon her blushing face and its gentle beauty was more like the creation of romance or the fair inspiration of a dream than the actual reality on earth. Tenderly her lover gazed upon her as the clusterous ringlets were edged by amorous and sportive zephyrs and when he perceived the rude intrusion of the sunlight he sprang to draw the curtain but softly she stayed him. ‚No, no, dear Charles', she softly said, ‚much rather you'ld I have a little sun than no air at all.'*
>
> (Die Übersetzung finden Sie auf ww.haupt.ch/verschluesselt.)

Seine Annahme über die Fehler erwies sich als richtig – ungefähr sieben Prozent der Buchstaben waren falsch. Das Wort *warm* im ersten Satz wurde zum Beispiel eigentlich als „warb" entschlüsselt, und das Wort *langour* im zweiten tauchte als „langomr" auf. Da es sich bei dem Klartext um eine Passage aus einem Buch handelte, war es relativ einfach, die Fehler auszumerzen. Wenn es weitere Fehler gegeben hätte oder der Klartext eine lange Bankkontonummer gewesen wäre, hätte praktisch keine Möglichkeit bestanden, solche Fehler zu finden.

Glaubt Broza, dass irgendein Code für alle Zeiten unknackbar bleibt? „Methoden wie Häufigkeitsanalyse, Mustererkennung und Co. haben klare Grenzen. Manche Formen der Verschlüsselung sind nur zu entziffern, wenn man andere Tricks anwendet, beispielsweise indem man Nachrichtenquellen und -ziele verwanzt. Aber ich glaube nicht an eine Zukunft mit unknackbaren Codes, solange die Kommunikation zwischen Menschen stattfindet, denn Menschen machen Fehler."

Codeanalyse
Wie man Faktoren findet

Es gibt viele Wege, um die Faktoren von Zahlen zu finden. Angenommen, wir wollten die Faktoren der Zahl 12 ermitteln. Stellen Sie sich dazu 12 Kieselsteine vor:

oooooooooooo

Diese zwölf Kieselsteine kann man auf unterschiedliche Weise aufteilen:

oooooooooooo	1 Gruppe von 12
oooooo oooooo	2 Gruppen von 6
oooo oooo oooo	3 Gruppen von 4
ooo ooo ooo ooo	4 Gruppen von 3
oo oo oo oo oo oo	6 Gruppen von 2
o o o o o o o o o o o o	12 Gruppen von 1

Das sind die einzigen Möglichkeiten, die 12 Kiesel ohne Rest aufzuteilen, die Zahlen rechts von den Kieselsteinen geben also die einzig möglichen Faktoren der Zahl 12 an. Die Zahlen 1 und 12 werden als „triviale" Faktoren von 12 bezeichnet.

Den gleichen Vorgang kann man mathematisch vollziehen, indem man die fragliche Zahl durch jede ganze Zahl von 2 an aufwärts dividiert; damit findet man alle, bei denen kein Rest bleibt – das sind die nicht trivialen Faktoren der fraglichen Zahl. Diese mathematische Methode, Probedivision genannt, ist die zeitaufwendigste Methode der Faktorisierung, denn man muss bis zur Hälfte der untersuchten Zahl alle Zahlen durchprobieren, um sämtliche Faktoren zu finden. (Dass es keinen Grund gibt, die Untersuchung weiter als bis zur Hälfte der fraglichen Zahl zu betreiben, erkennt man leicht: Danach wird, abgesehen vom trivialen Faktor der untersuchten Zahl selbst, immer ein Rest bleiben.)

Eine Zahl wie 12 mit Gruppen von Kieselsteinen oder durch Probedivision zu faktorisieren, dauert nur wenige Sekunden, aber bei sehr großen Zahlen wird der Prozess aufwendig. Moderne Schlüsselzahlen haben eine Riesenanzahl von Stellen, und sie zu faktorisieren, würde ein Menschenleben in Anspruch nehmen. Zum Glück für die Codeknacker:innen gibt es aber andere Methoden, diese bedienen sich allerdings in der Regel äußerst komplizierter mathematischer Verfahren.

Der Advanced Encryption Standard

Mitte der 1970er-Jahre forderte das amerikanische National Bureau of Standards (NBS) interessierte Unternehmen auf, Ideen für die Verschlüsselung nicht zensierter, aber sensibler Regierungsdaten einzureichen. Der Computerhersteller IBM schlug eine symmetrische Blockchiffre vor, die mit Datenblöcken festgelegter Länge arbeitete und für Ver- und Entschlüsselung den gleichen Schlüssel verwendete.

Eine aktualisierte Version der Chiffre, Data Encryption Standard (Datenverschlüsselungsstandard) oder DES genannt, wurde veröffentlicht und sehr schnell eingeführt. DES nutzte eine Blockgröße von 64 Bit und einen ebenso großen Schlüssel, wobei aber nur 56 Bit des Schlüssels für Verschlüsselungszwecke verwendet wurden; der Rest diente dazu, die Fehlerwahrscheinlichkeit bei der Übermittlung zu verringern.

Das Sicherheitsunternehmen RSA schrieb Belohnungen für Organisationen und Einzelpersonen aus, die den DES-Schlüssel knacken konnten; als Antwort baute die Electronic Frontier Foundation (EFF) eine Maschine namens *Deep Crack,* die mit einem sogenannten Brute-Force-Angriff sehr schnell alle 256 möglichen Schlüssel ausprobierte. Die Organisation konnte 1999 nachweisen, dass dies in weniger als einem Tag möglich war.

Im gleichen Jahr wurde Triple DES eingeführt, eine aktualisierte Version von DES, aber am Ende zeigte sich, dass das Verfahren angesichts der gestiegenen Rechenleistung von Computern nicht mehr sicher war, und so ersetzte man es 2002 durch den Advanced Encryption Standard (AES).

Entwickelt wurde der AES von den beiden belgischen Kryptologen Joan Daemen und Vincent Rijmen. Der AES verschlüsselt Blöcke von 128 Bit langen Daten mit Schlüsseln von 128, 192 oder 256 Bit Länge; entsprechend spricht man von AES-128, AES-192 und AES-256. Im Rahmen der Verschlüsselung werden Spalten in mehreren Zyklen verschoben, die Bits in der Nachricht werden ausgetauscht, und an ihnen werden Operationen mit „exklusivem Oder" vollzogen.

Derzeit ist offiziell keine Angriffsmethode auf AES bekannt, die es ermöglicht, mit dem Algorithmus verschlüsselte Nachrichten zu lesen. Allerdings gibt es eine Reihe von Veröffentlichungen über theoretische Angriffe auf AES, die es erlauben würden, eine Nachricht schneller zu entschlüsseln als mit einem vollständigen Brute-Force-Angriff. Der Zeitaufwand zur Durchführung eines solchen Angriffs wäre aber in der Praxis nicht realisierbar. So gibt es beispielsweise in der Mathematik einen Zweig der Graphentheorie, der den Hintergrund für den sogenannten

Biclique-Angriff bildet. Wie man 2011 nachweisen konnte, ist man damit um den Faktor 4 schneller als mit einem Brute-Force-Angriff. Aus den Enthüllungen des Whistleblowers Edward Snowden wissen wir, dass die NSA nach neuen Methoden gesucht hat, um den AES zu brechen.

Da bei der asymmetrischen Public-Key-Verschlüsselung sehr lange Schlüssel verwendet werden und immer kompliziertere mathematische Methoden notwendig sind, um sie zu finden, liegt das Knacken von Codes heute für interessierte Amateur:innen meist nicht mehr im Bereich des Möglichen, es ist vielmehr die Domäne der Mathematiker:innen. Es bleibt aber die faszinierende Möglichkeit, dass es eine Schwachstelle, einen Riss in der Rüstung dieser Verschlüsselungssysteme gibt, die auf der Schwierigkeit der Faktorisierung großer Zahlen beruhen. Die bisher entdeckten Methoden zur Faktorisierung sind zwar komplex, es ist aber nicht auszuschließen, dass es noch eine einfachere Wege gibt.

Wie das Internet sicherer wird

Viele per E-Mail verschickte Mitteilungen sind trivial. Manchmal wollen wir aber dennoch sicherstellen, dass niemand mitlesen kann, was wir schreiben. Eine Methode zur Verschlüsselung von E-Mails ist ein Softwarepaket namens Pretty Good Privacy (PGP), das Elemente der herkömmlichen Kryptografie mit der asymmetrischen Verschlüsselung kombiniert. PGP wurde von Philip R. Zimmermann erfunden und in dem Internet-Diskussionssystem Usenet seit 1991 kostenlos angeboten. Die PGP-Software erzeugt einen Zufallsschlüssel auf der Grundlage der Mausbewegungen und der Art, wie man tippt. Dieser Schlüssel dient dann zur Verschlüsselung der Nachrichten.

Im nächsten Stadium wird eine asymmetrische Public-Key-Verschlüsselung vorgenommen, aber statt sie zur Verschlüsselung der Nachricht zu verwenden, wird der im vorherigen Stadium erzeugte Zufallsschlüssel mit dem öffentlichen Schlüssel verschlüsselt und dann zusammen mit der Nachricht, die mit dem Zufallsschlüssel verschlüsselt wurde, verschickt. Beim Empfang der Nachricht wird mittels des privaten Schlüssels zunächst der Zufallsschlüssel entschlüsselt, der dann zur Entschlüsselung der mitgeschickten Nachricht dient.

Nach der Veröffentlichung von PGP im Usenet wurde Zimmermann zur Zielscheibe kriminalpolizeilicher Ermittlungen durch die US-Regierung, denn sie behauptete, eine solche Veröffentlichung der Software würde die US-Exportbeschränkungen für Kryptografieprogramme verletzen. Die Beschränkungen hatte man eingeführt, weil die US-Regie-

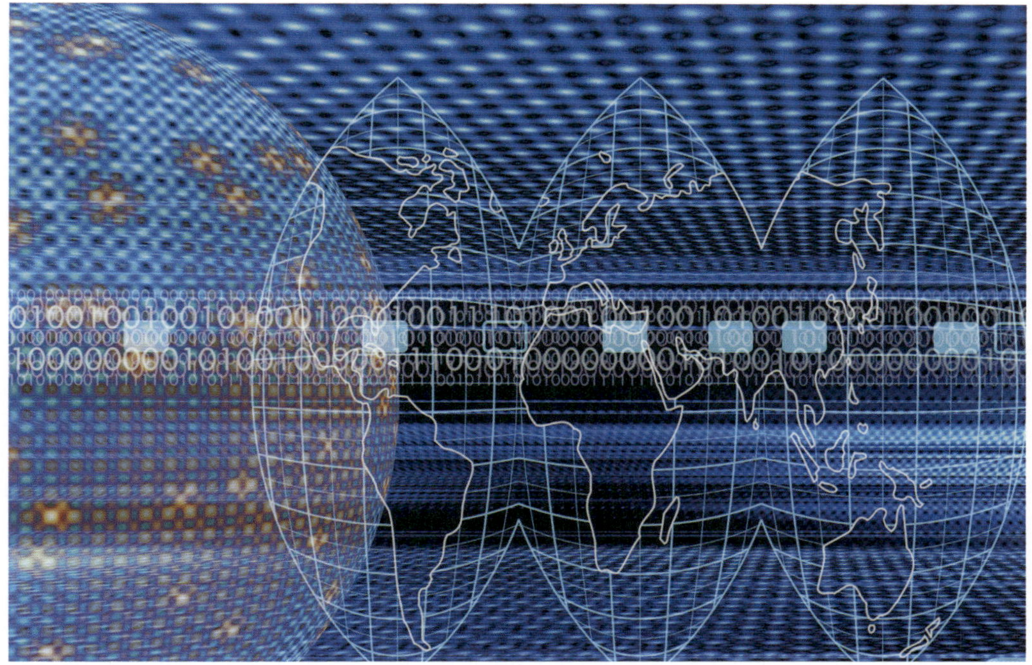

Oben: PGP und SSL bieten für Daten weltweit Sicherheit.

rung den weltweiten Zugang zu starken kryptografischen Methoden beschränken wollte. Die Kryptoanalytiker:innen der NSA können zwar zweifellos alles entschlüsseln, was mit der PGP-Software und einem kurzen binären Schlüssel verschlüsselt wurde, aber ob sie auch Nachrichten entschlüsseln können, bei denen sehr lange Schlüssel verwendet wurden, ist unsicher. Die US-Regierung stellte die Ermittlungen im Januar 1996 ein, die Generalstaatsanwaltschaft lehnte es aber ab, die Gründe dafür zu benennen.

Verschlüsselung kommt auch beim Besuch „sicherer" Websites zum Einsatz. Man erkennt sie an dem kleinen Schlosssymbol im Browserfenster und auch an Webadressen, die nicht mit „http", sondern mit „https" beginnen. Solche Seiten nutzen eine als Transport Layer Security (TLS) bezeichnete Technik und deren Vorgänger Secure Sockets Layer (SSL). TLS und SSL nutzen die zuvor beschriebene asymmetrische Public-Key-Verschlüsselung für die Verbindung zwischen unserem eigenen und dem entfernten Computer. Damit stehen Codeknacker:innen, die sich beispielsweise in unser Bankkonto einhacken wollen, vor den gleichen Schwierigkeiten wie jemand, der Nachrichten entschlüsseln will, die mit diesem Verfahren verschlüsselt wurden.

**53++!305))6*;4826)4+.)4+);806*;48!8`60))85;<br>]8*:+*8!83(88)5*!;46(;88*96*?;8)*+(;<br>85);5*!2:*+9;4956*2(5*–4)8`8*;4069285);)6
!8)4++;1(+9;48081;8:8+1;48!85;4)485!52880
6*81(+9;48;(88;4(+?34;48)4+;161;:188;+?;**

Oben: Die verschlüsselte Nachricht in *Der Goldkäfer* von Edgar Allan Poe
Gegenüber: Arthur Conan Doyle (1859-1930), Autor der Sherlock-Holmes-Krimis

Der amerikanische Schriftsteller Edgar Allan Poe war fasziniert von Codes und Chiffren. In *Der Goldkäfer* (Originaltitel *The Gold-Bug*), einer seiner berühmtesten Erzählungen, dreht sich die Handlung um eine verschlüsselte Nachricht, die einer der Protagonisten mithilfe der Häufigkeitsanalyse entschlüsselt. Es scheint, als würde sie Hinweise auf einen Schatz liefern:

> „*A good glass in the bishop's hostel in the devil's seat forty-one degrees and thirteen minutes northeast and by north main branch seventh limb east side shoot from the left eye of the death's-head a bee-line from the tree through the shot fifty feet out.*" („Ein gutes Glas in des Bischofs Haus in des Teufels Sitz einundvierzig Grad und dreizehn Minuten nordöstlich und gen Nord Hauptast siebenter Arm Ostseite schieße durch linkes Auge des Totenkopfes eine Messschnur von dem Baum durch den Schuss fünfzig Fuß hinaus." In: Poe, Edgar Allan, *Verbrechergeschichten*, Ullstein 1975.)

Der Goldkäfer war nicht das Einzige, was Poe über Codes schrieb. Zwischen 1839 und 1841 behandelte er das Thema ausführlich in der Zeitung *Alexander's Weekly Messenger* und in der Zeitschrift *Graham's Magazine*. Er forderte die Leserschaft auf, ihm Chiffren zu schicken, die er dann knacken würde (siehe S. 136-137).

Poe erhielt auf sein Angebot eine beträchtliche Zahl von Zuschriften und veröffentlichte viele Lösungen in seinen Kolumnen; wie er sie geknackt hatte, verriet er aber nie. Einige Hinweise, wie es ihm gelang, ergeben sich aus der Handlung des Goldkäfers, den er 1843 veröffentlichte.

In der Erzählung *Die tanzenden Männchen* von Arthur Conan Doyle muss Sherlock Holmes nach dem gleichen System Codes knacken. Ein Gutsherr aus Norfolk heiratet eine Amerikanerin, und die nimmt ihm das Versprechen ab, sie niemals nach ihrem Leben vor ihrer Zeit in Großbritannien zu fragen. Nachdem die beiden rund ein Jahr verheiratet sind, erhält die Frau einen Brief aus Amerika, über den sie sichtlich erschrocken ist. Wenig später taucht eine Reihe von Nachrichten aus tanzenden Strichmännchen auf, die im Haus auf die Wände oder auf herumliegende Papierfetzen gekritzelt sind. Die Ehefrau reagiert wiederum verstört. Da der Gutsherr seiner Frau versprochen hat, sie nicht nach der Angelegenheit zu fragen, wendet er sich an Sherlock Holmes, damit der die geheimnisvollen Nachrichten entschlüsselt. Nachdem der Detektiv mehrere Nachrichten erhalten hat, fährt er in aller Eile nach Norfolk, aber bei seiner Ankunft muss er feststellen, dass der Gutsherr erschossen und seine Frau schwer verwundet wurde.

Wie Legrand, die Figur in *Der Goldkäfer,* so entschlüsselt auch Holmes die Nachrichten mit der Häufigkeitsanalyse. Aber im Gegensatz zu Poes Held verfügt er über mehrere Nachrichten, aus denen er die Chiffre entnehmen kann, und noch einfacher wird seine Aufgabe durch Fähnchen, in denen er die Wortzwischenräume vermutet. Außerdem liefern ihm die Nachrichten so viele Buchstaben, dass er die erste mit der Häufigkeitsanalyse entschlüsseln kann: *„Am here Abe Slaney"* (Bin hier Abe Slaney). Holmes findet heraus, dass ein Amerikaner namens Abe Slaney auf einem Bauernhof in der Nähe wohnt, und schickt ihm eine Nachricht in dem gleichen Code. Wie sich herausstellt, ist Slaney der frühere Verlobte der Frau des Gutsbesitzers und ein Gangster, der mit seiner Bande den Code der tanzenden Männchen erfunden hat.

In *Das Tal der Furcht,* einem anderen Holmes-Abenteuer, erhält der Detektiv folgende codierte Nachricht:

534C21312736314172141
DOUGLAS109293537BIRLSTONE
26BIRLSTONE947171

Holmes findet heraus, dass mit C2 in der ersten Zeile die zweite Spalte (engl. *column*) gemeint ist, und 534 ist die Seitenzahl in einem bestimmten Buch. Die Zahlen geben dann ein bestimmtes Wort in dieser Spalte an. Der Absender hatte die Absicht gehabt, den Titel des Buches in einer zweiten Nachricht mitzuteilen, hatte es sich dann aber anders überlegt. Dennoch findet Holmes heraus, dass es sich bei dem Buch, das den Schlüssel zu der Nachricht bildet, um *Whitaker's Almanac* handelt, und entschlüsselt die Nachricht:

> *„There is danger may come very soon one. Douglas rich country now at Birlstone House. Birlstone confidence is pressing."*
> (Es besteht Gefahr sehr bald. Douglas reich Land jetzt in Birlstone House. Birlstone Überzeugung dringend. Nach: *Das Tal der Furcht,* Ullstein 1969, S. 11.)

In *Cryptonomicon* von Neal Stephenson vermischen sich, was das Codeknacken angeht, Fakt und Fiktion. Im Mittelpunkt des Romans steht die Abteilung 2702, eine Einheit der Alliierten, die im Zweiten Weltkrieg die Aufgabe hat, Codes der Achsenmächte zu brechen. Zu ihren Mitgliedern gehören der fiktive Kryptoanalytiker Lawrence Waterhouse, der morphiumsüchtige Soldat Bobby Shaftoe und der reale Kryptoanalytiker Alan Turing.

Der Roman *Der Schlüssel zu Rebecca* von Ken Follett basiert auf einer wahren Begebenheit. Der Autor erklärt dazu: „In Kairo gab es 1942 auf einem Hausboot einen Spionagering. Zu ihm gehörten eine Bauchtänzerin und ein britischer Major, mit dem sie eine Affäre hatte. Die Informationen, um die es ging, waren für die Kämpfe in der Wüste von entscheidender Bedeutung." In dem Buch wird eine Nachricht mit einem One-Time-Pad (siehe Kapitel 4) verschlüsselt. Angenommen, wir wollten die Nachricht *„The British attack at dawn"* (Die Briten greifen im Morgengrauen an) codieren. Als Schlüssel verwenden wir ein anderes Stück Text, das der empfangenden Person offenbart wird. Zu diesem Zweck könnten wir beispielsweise *„All work and no play makes Jack a dull boy"* (sinngemäß: Arbeit allein macht nicht glücklich) auswählen. Im weiteren Verlauf schreiben wir die Positionen der Buchstaben jeweils unter die beiden Nachrichten und addieren dann die Zahlen. Ist die Summe größer als 26, ziehen wir 26 ab, und dann wandeln wir die so entstandenen Zahlen wieder in die entsprechenden Buchstaben um (siehe unten).

Die verschlüsselte Nachricht lautet nun Utqxgaetvehiqolzgelag. Die empfangende Person weiß, welcher Schlüssel benutzt wurde, und kann die Nachricht entschlüsseln, indem sie den umgekehrten Prozess vollzieht. Selbst wenn die Nachricht abgefangen wird, kann niemand diese entziffern, ohne den Schlüssel zu kennen. In dem Roman von Follett ist der Schlüssel ein Text aus dem berühmten Roman *Rebecca* von Daphne du Maurier.

Auch der Romanautor Dan Brown hat großes Interesse an Codes. Sein Roman *Diabolus* dreht sich um die National Security Agency, einen fiktiven Computer namens TRANSLTR, der jede Chiffre bricht, und die Ereignisse, die sich entspinnen, als TRANSLTR auf etwas trifft, das er nicht entschlüsseln kann.

Der Chiffretext wird in dem Roman nicht genannt, aber es gibt unheilvolle Hinweise auf

Klartext	T	h	e	B	r	i	t	s	h	a	t	t	a	c	k	a	t	d	a	w	n
Position in Alphabet	20	8	5	2	18	9	20	19	8	1	20	20	1	3	11	1	20	4	1	22	14
Schlüssel	A	l	l	w	o	r	k	a	n	d	n	o	p	l	a	y	m	a	k	e	s
Position in Alphabet	1	12	12	22	15	18	11	1	14	4	14	15	16	12	1	25	13	1	11	5	19
Summe (minus 26, falls größer als 26)	21	20	17	24	7	1	5	20	22	5	8	9	17	15	12	26	7	5	12	1	7
Verschlüsselter Buchstabe	U	t	q	x	g	a	e	t	v	e	h	i	q	o	l	z	g	e	l	a	g

Verschlüsselungsmethoden wie die Rotation von Klartexten und Veränderungsketten, die nie so im Einzelnen erklärt werden, wie man es sich für eine ernsthafte Kryptoanalyse wünschen würde. Aber auf der letzten Seite der englischen Ausgabe findet sich eine interessante Aufgabe (Anmerkung des Haupt Verlags: In der zum Zeitpunkt der Drucklegung dieses Buches erhältlichen deutschsprachigen Ausgabe ist dieses Rätsel nicht enthalten). Dort steht folgende Zahlenreihe:

128-10-93-85-10-128-98-112-6-6-25-
126-39-1-68-78

Um das Rätsel zu lösen, muss man die Zahlen in einem Block von 4 × 4 Feldern anordnen und von oben nach unten einfügen:

128	10	6	39
10	128	6	1
93	98	25	68
85	112	126	78

Die Zahlen beziehen sich auf Kapitel in dem Buch: Wenn man die einzelnen Zahlen durch den ersten Buchstaben des jeweiligen Kapitels ersetzt, ergibt sich die Nachricht „*We are watching you*“ (Wir beobachten dich).

In *Sakrileg* (2003), einem anderen Roman von Brown, steht die Entschlüsselung von Codes im Mittelpunkt: Der Symbolforscher Robert Langdon von der Harvard University knackt eine Reihe von Codes, die im Zusammenhang mit den Werken von Leonardo da Vinci stehen. Neben der Leiche eines ermordeten Kurators im Pariser Louvre findet er eine dreizeilige, mit Blut geschriebene Nachricht:

Oben: Die *Mona Lisa* von Leonardo da Vinci

13-3-2-21-1-1-8-5
O, draconian devil! (O, drakonischer Teufel!)
Oh, lame saint! (Oh, lahmer Heiliger!)

Zusammen mit der französischen Kryptologin Sophie Neveu findet Langdon heraus, dass es sich bei der zweiten und dritten Zeile um Anagramme von „Leonardo da Vinci“ und „The Mona Lisa“ handelt. Eine Nachricht, die auf die Mona Lisa gekritzelt wurde und nur im Ultraviolettlicht zu sehen ist, führt die beiden dann auf eine Detektivjagd rund um den Globus, bei der sie herausfinden wollen, warum der Kurator ermordet wurde. Die Zahlenreihe entpuppt sich als Fibonacci-Folge und als Zugangscode zu einem Schweizer Bankkonto.

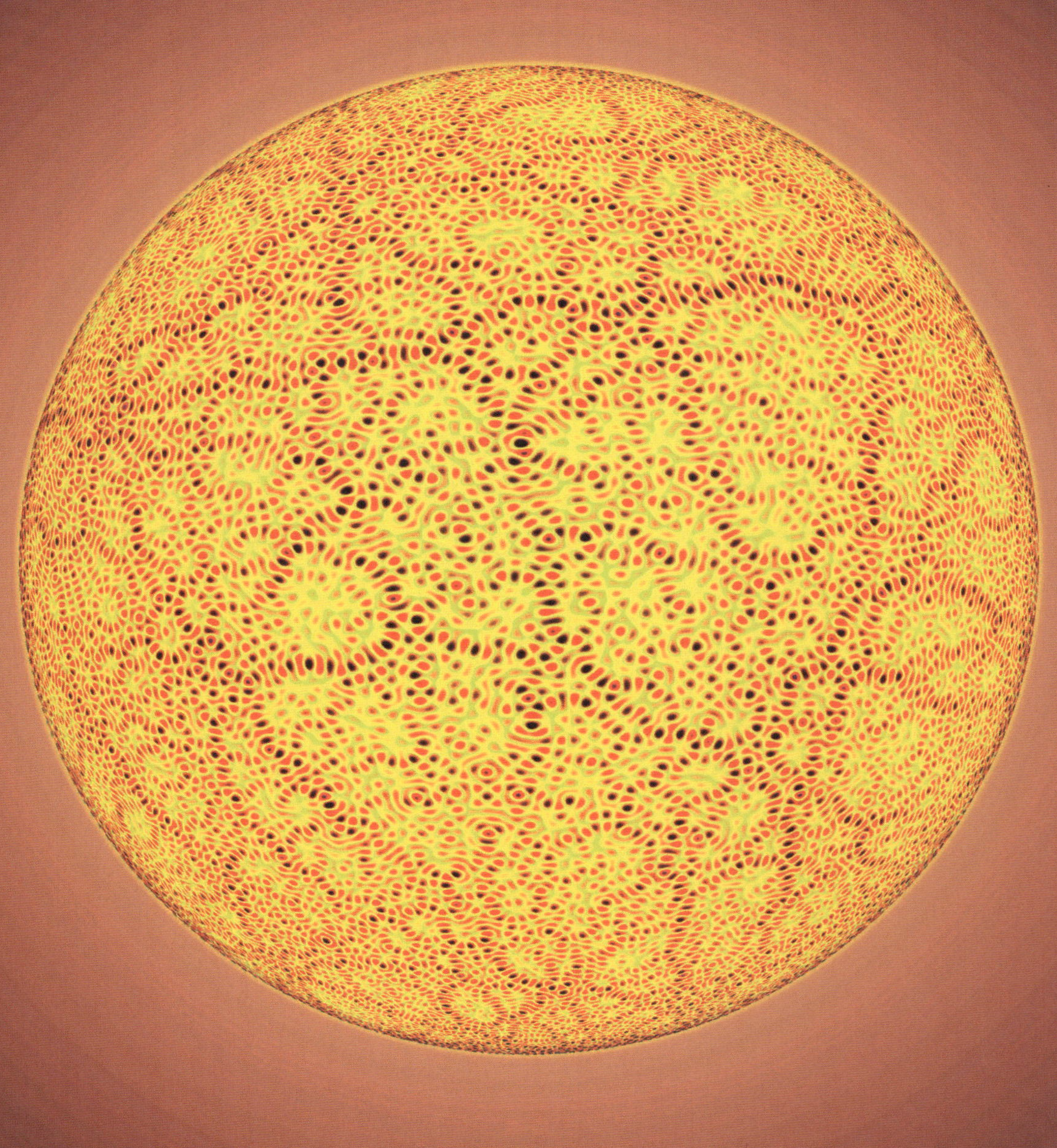

Kapitel 6

Visionen

Die Quantenkryptografie wird als unentschlüsselbar gepriesen. Sind Codeknacker:innen also am Ende? Kryptografie in Quantenphysik und Chaostheorie

An einem sonnigen Nachmittag im Oktober 1979 badete der kanadische Informatiker Gilles Brassard vergnügt vor der Küste von Puerto Rico, als plötzlich ein völlig Fremder neben ihm schwamm und ihn in eine Unterhaltung über Quantenphysik verwickelte.

„Das war vermutlich der bizarrste und mit Sicherheit magischste Augenblick in meinem Berufsleben", sagt Brassard. Wie sich herausstellte, hieß der Fremde Charles Bennett. Er war Wissenschaftler aus New York und hielt sich aus dem gleichen Grund auf der Insel auf wie Brassard: um an einer Tagung des Institute of Electrical and Electronics Engineers teilzunehmen. Das Zusammentreffen im Wasser war kein Zufall. Bennett wollte gezielt mit dem kanadischen Kollegen sprechen, weil beide sich für Kryptografie interessierten. Schon wenige Stunden später arbeiteten sie zusammen an radikalen neuen Ideen; damit begann ein Gemeinschaftsprojekt, durch das sich die Kryptologie ein für alle Mal verändern sollte.

Die Konzepte, die sich Bennett und Brassard ausdachten, führten schon bald zur Veröffentlichung des ersten Fachartikels über Quantenkryptografie, eine vollkommen neue Form der Verschlüsselung.

Alle anderen Formen der Kryptografie, die man in der langen, gewundenen Geschichte der Codes und Chiffren erfunden hatte – vielleicht mit Ausnahme der lästigen One-Time-Pads –, waren durch geschickte Codeknacker:innen angreifbar. Für die Quantenkryptografie gilt das nicht – ihr hohes Maß an Sicherheit basiert auf nichts Geringerem als den Gesetzen der Physik.

Gegenüber: Ein Computermodell mit vielen Wegen von Quantenwellen, die eine Kugeloberfläche überlagern und eine Zufallswelle erzeugen – ein Beispiel für das Quantenchaos.

Oben: Muster von Quantenwellen

Quantenmechanik

Die Quantenphysik, auch Quantenmechanik genannt, ist ein äußerst erfolgreicher Erklärungsansatz dafür, wie die Welt funktioniert. Sie ist das Teilgebiet der Physik, das sich mit Abläufen in einem sehr, sehr kleinen Größenmaßstab beschäftigt, und damit ist es der einzige Weg, um ein zutreffendes mathematisches Modell der Interaktionen subatomarer Teilchen zu konstruieren. In fast hundert Jahren haben experimentelle Überprüfungen dies immer wieder bestätigt.

Es lässt sich aber nicht leugnen, dass manche Aspekte der Quantenmechanik seltsam anmuten. Um nur ein einfaches Beispiel zu nennen: In einem der berühmtesten quantenphysikalischen Experimente wurde nachgewiesen, dass ein Lichtteilchen (auch Photon genannt) an zwei Orten zur gleichen Zeit sein kann (siehe S. 154–155).

Eine solche Theorie zu akzeptieren, mag schwierig sein, denn es geht dabei nicht um Sicherheiten, sondern um Wahrscheinlichkeiten. Selbst Einstein hatte ernste Zweifel an den in ihren Berechnungen mitschwingenden Unsicherheiten. „Die Quantenmechanik ist sehr achtung-gebietend. Aber eine innere Stimme sagt mir, daß das doch nicht der wahre Jakob ist", schrieb er 1926 an seinen Physikerkollegen Max Born (Albert

Einstein, Hedwig und Max Born: *Briefwechsel 1916–1955. Kommentiert von Max Born.* Rowohlt Taschenbuch Verlag 1972, S. 98).

Nach Ansicht des Physikers Brian Cox ist die Quantenmechanik vor allem deshalb so schwer zu begreifen, weil sie sehr schnell die grundlegende Frage aufwirft, warum das Universum so und nicht anders funktioniert. „Die Herausforderung an den gesunden Menschenverstand drängt sich bei der Quantenmechanik wirklich auf", wird Cox in einem Artikel der *Financial Times* zitiert. „Man muss nicht lange darüber nachdenken, um auf eine schwierige Frage zu stoßen. Bei den meisten Theorien liegt die Frage nach dem Warum im Verborgenen, aber bei der Quantenmechanik ist man gezwungen, tiefer in die Materie (und zum Beispiel in Paralleluniversen) vorzudringen, weil sie so eigentümlich ist."

Quantencomputer

In den letzten Jahrzehnten ist den Forschenden klar geworden, dass manche der Intuition widersprechenden Aspekte der Quantenmechanik enorme Auswirkungen auf die Konstruktion leistungsfähigerer Computer haben. Ein bedeutender Meilenstein war 1985 erreicht, nur ein Jahr nachdem Brassard und Bennett ihren Artikel über Quantenberechnungen veröffentlicht hatten. In diesem Jahr beschrieb David Deutsch, ein ausgezeichneter Wissenschaftler der Universität Oxford, zum ersten Mal einen universellen Quantencomputer.

In seinem Buch *Die Physik der Welterkenntnis* malte er sich einen Computer aus, der im Gegensatz zu gewöhnlichen Rechnern nicht auf der Ebene der klassischen Physik arbeitet, sondern auf dem Niveau der winzigen Quanten. Ein Quantencomputer ist nach Deutschs Beschreibung eine Maschine, die sich der einzigartigen quantenmechanischen Effekte bedient, um Berechnungen auszuführen, die auf einem klassischen Computer selbst im Prinzip unmöglich wären. „Die Quantenberechnung ist deshalb ein völlig neuer Weg, sich die Natur zunutze zu machen", schrieb er (David Deutsch, *Die Physik der Welterkenntnis.* München: dtv 2000, S. 184).

Einige Aspekte der Quantenmechanik, die für Computer von besonderer Bedeutung sind, haben mit dem Begriff der Superposition zu tun. Damit ist gemeint, dass ein Quantenelement sich gleichzeitig in mehreren Zuständen befinden kann – und nur dann in den einen oder anderen übergeht, wenn jemand es beobachtet.

Wegen des Phänomens der Quantensuperposition könnten Quantencomputer unvorstellbar leistungsfähig sein. Während nämlich die

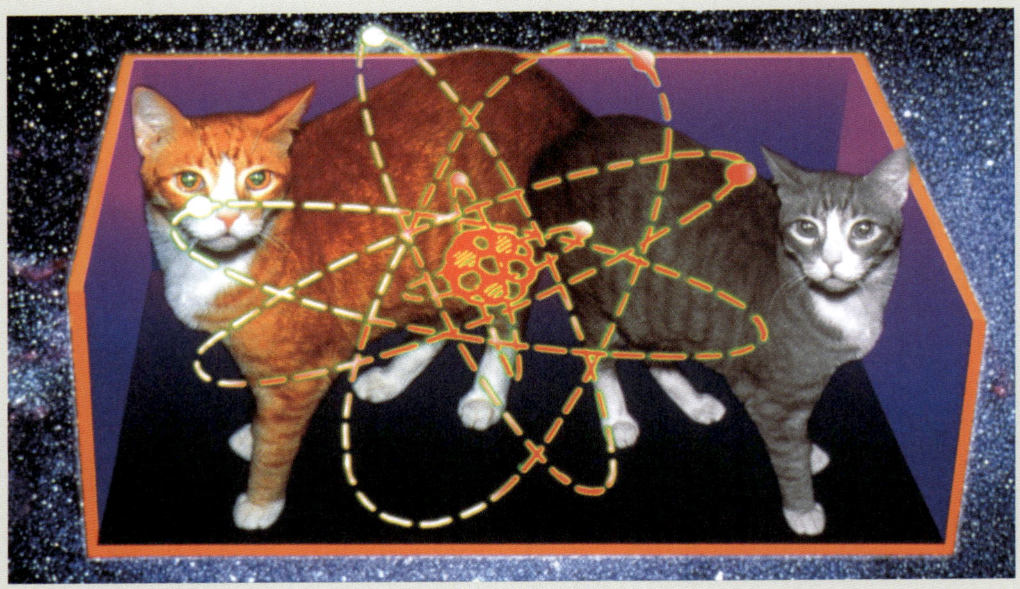

Oben: Das Gedankenexperiment mit „Schrödingers Katze". Die Katze ist gleichzeitig lebendig (orange) und tot (grau).

Erwin Schrödinger beschrieb 1935 ein hypothetisches Experiment, das häufig dazu dient, den Begriff der Quantensuperposition zu verdeutlichen.

Schrödinger forderte dazu auf, sich eine Katze in einer Kammer vorzustellen. Zusätzlich befinden sich in der imaginären Kammer auch ein Atom, das mit einer Wahrscheinlichkeit von 50 zu 50 in einer Stunde zerfallen wird, ein Strahlungsdetektor und eine Ampulle mit Gift. Wenn das Atom zerfällt, löst der Strahlungsdetektor einen Schalter aus, der das gasförmige Gift freisetzt und die Katze damit tötet. Wenn man nach einer Stunde die Kammer öffnet, wird das Atom entweder noch vorhanden oder zerfallen sein, und entsprechend ist die Katze lebendig oder tot. Die Quantensuperposition besagt, dass die Katze sich bis zu dem Augenblick, in dem die Kammer geöffnet wird, gleichzeitig in beiden Zuständen befindet. (Damit wollte Schrödinger nicht andeuten, dass es seiner Ansicht nach tatsächlich eine zugleich tote und lebendige Katze gibt. Nach seiner Vorstellung war die Quantenmechanik unvollständig und zumindest in diesem Fall nicht repräsentativ für die Realität.)

Die Vorstellung von der Superposition ist keine reine Fantasie. Sie ist tatsächlich der einzige Weg, auf dem sich viele reale Phänomene erklären lassen. Für Computer ergeben sich daraus weitreichende Schlussfolgerungen.

Grundeinheit der Information (das Bit) in einem normalen Computer entweder eine 1 oder eine 0 ist, können „Quantenbits" auf der Ebene des Allerkleinsten, auf der die Quantenmechanik zur Geltung kommt, sich zur gleichen Zeit in den klassischen Zuständen 0 und 1 befinden.

Demnach kann eine Computeroperation an einem einzelnen Quantenbit – dem Qubit, wie man es nennt – mit beiden Zuständen gleichzeitig arbeiten. Ein Qubit könnte beispielsweise durch ein Elektron in einem von zwei Zuständen repräsentiert werden – nennen wir sie einmal 0 und 1. Im Gegensatz zu gewöhnlichen Bits können Qubits jedoch wegen der Quantensuperposition gleichzeitig sowohl 0 als auch 1 sein.

Wenn der Computer eine Operation an einem Qubit vornimmt, hat er also die Operation in Wirklichkeit an zwei Werten zur gleichen Zeit ausgeführt. Ein System aus zwei Qubits könnte demnach eine Operation an vier Werten vornehmen, und so weiter. Mit zunehmender Zahl der Qubits wächst die Rechenleistung exponentiell.

Oben: Der österreichische Physiker und Nobelpreisträger Erwin Schrödinger (1887–1961) dachte sich das auf der gegenüberliegenden Seite beschriebene Gedankenexperiment mit „Schrödingers Katze" aus.

Eine weitere bizarre Eigenschaft der Qubits ist unter dem Begriff „Verschränkung" bekannt. Wenn zwei oder mehr Qubits verschränkt sind, sind ihre Eigenschaften untrennbar gekoppelt: Ganz gleich, wie weit sie sich voneinander entfernen, sie sind aneinander gebunden. Diese gespenstisch anmutende Kopplung hat zur Folge, dass in dem Augenblick, in dem man den Zustand eines der beiden Qubits misst, auch der Zustand des anderen festgelegt wird – man kann sie so manipulieren, dass das eine 0 ist, wenn man bei dem anderen eine 1 misst.

Da Quantencomputer eine so gewaltige Leistungszunahme versprechen, ist Regierungen klar geworden, dass sie eine große Gefahr für die Informationssicherheit darstellen. Die Forschung hat sich, seit David Deutsch 1985 seinen Artikel über Quantencomputer veröffentlichte, rasant entwickelt: Obwohl funktionsfähige Quantencomputer in der Realität noch nicht existieren, wurden viele der notwendigen Schritte auf dem Weg dorthin bereits unternommen. Die erste Speicherung eines Qubits gelang 2008, und der erste Quantenprozessor (mit gewaltigen zwei Qubits) wurde der Öffentlichkeit im Jahr darauf vorgestellt. Im Jahr

2011 behauptete ein Unternehmen namens D-Wave, es habe den ersten kommerziell verfügbaren Quantencomputer hergestellt. Die Computer von D-Wave basieren auf einer Optimierungstechnik, die als *Quantum Annealing* (Quantenglühen) bekannt ist, und ihre neueste Entwicklung hatte Anfang 2023 etwa 5000 Qubits. IBM brachte Ende 2022 ein System mit 433 Qubits auf den Markt. Die Anzahl der Qubits ist jedoch nicht mit der der D-Wave-Computer vergleichbar, da es sich um einen anderen Ansatz handelt. Expert:innen gehen davon aus, dass ein Quantencomputer rund eine Million Qubits benötigt, um sein volles Potenzial auszuschöpfen und die Fähigkeiten von auf herkömmlicher Technologie basierenden Supercomputern zu übertreffen. IBMs derzeitiger Fahrplan für Quantencomputer sieht den Bau von Systemen mit 10 000 bis 100 000 Qubits irgendwann nach 2025 vor.

Der Shor-Algorithmus

Allen Schwierigkeiten beim Bau großer Quantencomputer zum Trotz haben Forschende bereits Erkenntnisse darüber gewonnen, wie man diese programmieren kann. Interessanterweise haben zwei der ersten Anwendungen mit Kryptoanalyse zu tun. Die erste geht auf das Jahr 1994 zurück: Damals wies Peter Shor von den Bell Laboratories nach, dass man mit einer Quantenmaschine Systeme wie das RSA knacken kann, jenen weitverbreiteten Verschlüsselungsalgorithmus, dessen Sicherheit darauf beruht, dass normale Computer nur unter erheblichen Schwierigkeiten sehr große Zahlen faktorisieren können (siehe Kapitel 5).

Einer Schätzung zufolge würde die Faktorisierung einer Zahl mit 25 Stellen sämtliche Computer der Welt 100 Jahre lang beschäftigen. Mit der von Peter Shor erfundenen Quantenmethode würde es unter Umständen nur wenige Minuten dauern.

Der Shor-Algorithmus, wie das Verfahren genannt wird, ist bemerkenswert einfach und erfordert nicht die Hardware, die zum Bau eines vollständigen Quantencomputers nötig ist. Wie David Deutsch betont, wird man damit wahrscheinlich eine Quanten-Faktorisierungsmaschine bereits viel früher bauen als einen Quantencomputer mit umfassenden Fähigkeiten. Zwei Jahre später beschrieb Lov Grover ebenfalls an den Bell Labs einen weiteren Quantenberechnungsalgorithmus, mit dem man lange Listen sehr schnell durchsuchen kann, auch dies eine Anwendung, für die sich Kryptoanalytiker:innen sehr interessieren.

Aber trotz solcher Fortschritte haben Forschende Schwierigkeiten, die Theorie der Quantenberechnungen vollständig in die Praxis umzusetzen.

Eines der größten Probleme ist die Fehlerkorrektur. Bei klassischen Computern kann man Fehler ausschließen, indem man Redundanzen in das System einbaut – man hat mehrere Kopien eines Bits, und maßgeblich ist die Mehrheit. Dagegen besagt das sogenannte No-Cloning-Theorem, dass diese Möglichkeit bei der Konstruktion von Quantencomputern nicht zur Verfügung steht: Von einem beliebigen, unbekannten Quantenzustand kann man keine Kopie herstellen.

Oben: Computersimulation der Bewegungen eines Teilchens, das sich wie eine Welle verhält. Der Quantentheorie zufolge erzeugt das Teilchen bei seiner Bewegung viele „Wellenzüge", die kollidieren können und dann eine zufällige Quantenwelle entstehen lassen – ein Fall von Quantenchaos.

QUANTENKRYPTOGRAFIE: WIE MAN AN ZWEI ORTEN ZUGLEICH SEIN KANN

Im Winter 1803 stand Thomas Young, ein englischer Forscher von 30 Jahren, in London vor einigen der weltweit angesehensten Wissenschaftler und führte ein Experiment vor, das deren Ansichten über die Welt der Physik infrage stellen sollte: Er zeigte, dass Licht die Eigenschaften einer Welle hat.

Young war ein außergewöhnlicher Kopf. Mit 19 hatte er ein Medizinstudium begonnen, und vier Jahre später machte er bereits seinen Doktor in Physik. 1801 wurde er von der Royal Institution of Great Britain zum Professor für Physik ernannt, und zwei Jahre später hatte er bereits 91 Vorlesungen gehalten. Aber im November 1803 stand er vor einer nicht unbedeutenden Herausforderung: Immerhin hatte der große Isaac Newton selbst geglaubt, dass Licht aus winzigen, kugelähnlichen Teilchen besteht.

Um seine Behauptung zu beweisen, ließ Young einen Assistenten mit einem Spiegel nach draußen gehen, wo er sich vor ein Fenster des Zimmers stellte, in dem das Experiment stattfinden sollte. Vor dem Fenster wurde ein Fensterladen geschlossen, in den er ein Loch gebohrt hatte: Wenn der Assistent den Spiegel im richtigen Winkel hielt, schoss ein dünner Lichtstrahl durch den abgedunkelten Raum und traf auf die gegenüberliegende Wand.

Als Nächstes nahm Young ein dünnes Stück Pappe und hielt es vorsichtig so, dass es den Lichtstrahl halbierte. Die Folge war, dass das durch das Fenster fallende Licht an der gegenüberliegenden Wand ein Muster aus hellen und dunklen Streifen bildete.

„Selbst die Voreingenommensten werden nicht bestreiten", sagte Young zu seinen Zuhörern, „dass die Ränder (die man beobachten kann) durch die Interferenz zweier Anteile des Lichtes entstehen." Mit anderen Worten: Die „Ränder" oder Streifen entstanden, weil Lichtwellen sich gegenseitig störten, nachdem sie von der Pappe getrennt worden waren und wieder zusammentrafen, ganz ähnlich wie Wellen im Wasser, die beim Zusammentreffen zu Gipfeln und Tälern werden. An den helleren Stellen trafen an der Wand zwei „Spitzen" der Lichtwellen zusammen, die dunkleren Streifen entstanden dagegen durch das Zusammentreffen eines Wellenbergs mit einem Wellental.

Später demonstrierte Young den gleichen Effekt, indem er einen dünnen Lichtstrahl auf eine Schablone fallen ließ, in die er zwei Schlitze geschnitten hatte, ein Experiment, das heute als „Doppelspaltexperiment" bekannt ist.

Heute wissen wir, dass Licht eine Art gespaltenen Persönlichkeit hat: Je nach den Umständen verhält es sich entweder wie eine Welle oder wie ein Teilchen. In diesem Zusammenhang kann man sich das Ergebnis von Youngs Experiment damit erklären, dass Lichtteilchen, auch Photonen genannt, interagieren, nachdem sie die Schlitze passiert haben.

Mit moderner Technik kann man das Experiment heute mit so schwachen Lichtquellen wiederholen, dass jeweils nur ein Photon gleichzeitig abgegeben wird. In diesem Fall beobachtet man etwas Faszinierendes. Führt man beispielsweise Youngs Doppelspaltexperiment mit einer Lichtquelle durch, die nur ein Photon pro Stunde in Richtung der Schablone aussendet, taucht nach und nach genau das gleiche „Interferenzmuster" auf, obwohl es offensicht-

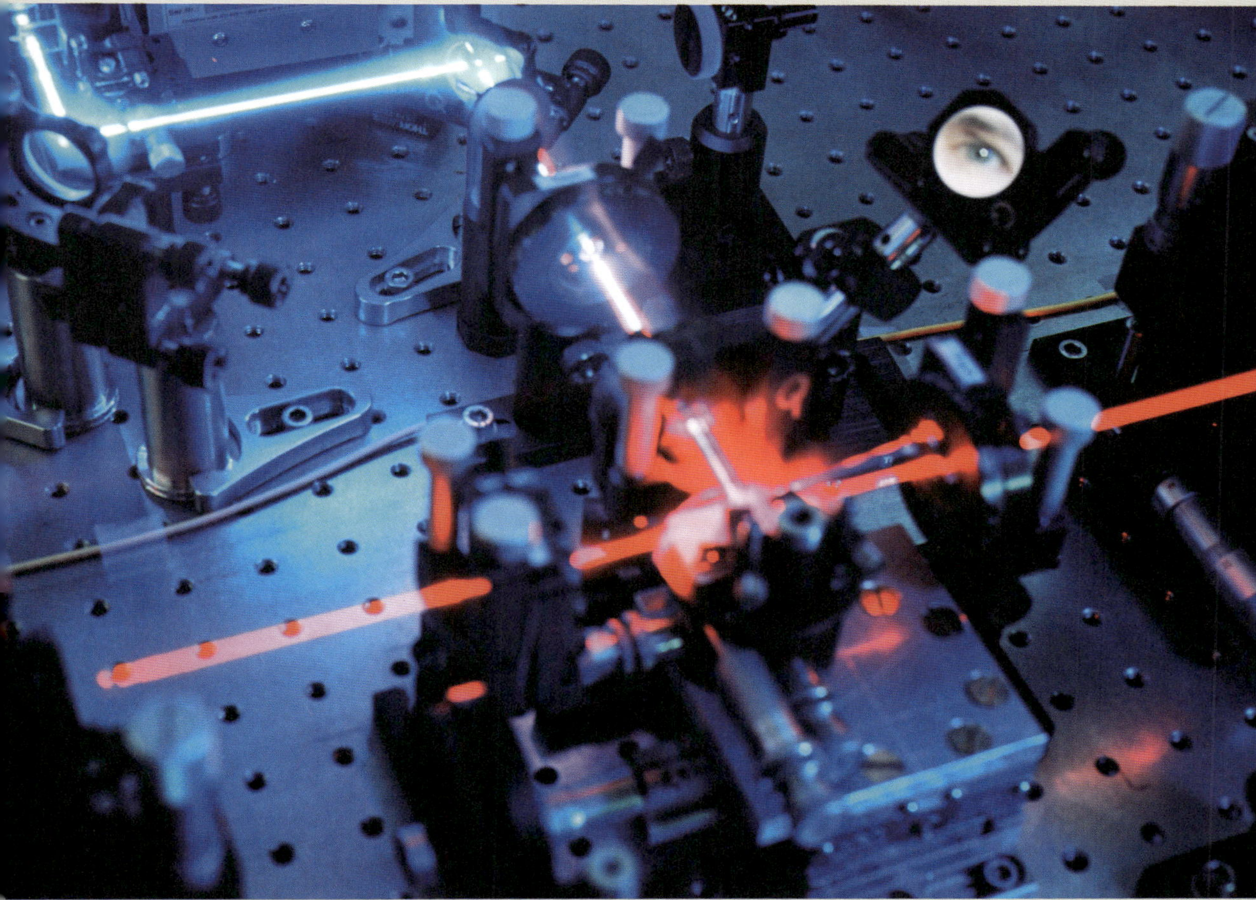

Oben: Gerätschaften für die Quantenkryptografie

lich unmöglich ist, dass zwei Photonen interagiert haben. Dieses verblüffende Ergebnis lässt sich mit den Gesetzen der klassischen Physik nicht erklären, die Quantenphysik bietet dafür jedoch zwei Erklärungsmöglichkeiten an.

Die erste besagt, dass das Photon eigentlich beide Schlitze gleichzeitig passiert und anschließend mit sich selbst interagiert. Dies fällt unter den Begriff der Superposition.

Als zweite Erklärung für die Superposition bieten manche Forschende eine sogenannte „Viele-Welten-Interpretation“ an. Demnach passiert das einzelne Photon, das die Schablone mit den zwei Schlitzen erreicht, nur einen davon, interagiert aber anschließend mit einem zweiten „Geisterphoton“, das in einem Paralleluniversum existiert und den anderen Schlitz passiert hat.

In beiden Fällen ergeben sich aus dem Konzept der Quantensuperposition wichtige Folgerungen für Quantencomputer. Da die Elemente eines solchen Computers sich gleichzeitig in mehreren Zuständen befinden können und da er mit allen diesen Zuständen gleichzeitig arbeitet, kann er zahlreiche Operationen parallel ausführen.

Quantenkryptografie

Auch wenn die praktische Verwirklichung von Quantencomputern noch mit Problemen behaftet ist, gelten sie schon heute als potenzielle Bedrohung der Kommunikationssicherheit. Glücklicherweise nutzen Forschende und Ingenieur:innen als Gegenmaßnahme ihre eigene „Quantenmagie", mit der man kryptografische Schlüssel unter dem vollkommenen Schutz der physikalischen Gesetze verbreiten kann.

Manche solche Systeme für die Verteilung von Quantenschlüsseln basieren darauf, dass elektromagnetische Wellen auf ihrem Weg durch den Raum in unterschiedlichen Winkeln schwingen, eine Eigenschaft, die man in der Wissenschaft als Polarisation bezeichnet.

Das Licht aus einer normalen Lichtquelle ist in alle Richtungen polarisiert. Lässt man es aber durch einen Polarisationsfilter fallen, ist sämtliches Licht, das aus dem Filter kommt, in der gleichen Richtung polarisiert und lässt sich dann für die Kryptografie nutzen.

Für kryptografische Zwecke kann man Licht auf zweierlei Weise polarisieren. Entweder polarisiert man die Schwingungen der Photonen horizontal oder vertikal, dann spricht man von rechtwinkliger Polarisation. Oder aber die Photonen schwingen diagonal von oben links nach unten rechts oder von oben rechts nach unten links.

Diese verschiedenen Möglichkeiten kann man nutzen, um die Nullen und Einsen in einer Reihe von Quantenbits zu repräsentieren. In dem rechtwinkligen Muster repräsentiert dann die horizontale Polarisation (-) vielleicht die 0, und vertikale Polarisation (|) steht für die 1. Nach dem diagonalen Muster repräsentiert dann eine nach links geneigte Diagonale (\) die 0, und nach rechts geneigt (/) repräsentiert sie die 1.

Ein solches Prinzip eignet sich gut für die Übermittlung geheimer Nachrichten, denn wer mithören will, muss die Polarisation jedes Photons messen und dazu im Voraus wissen, welche Methode die absendende Person – in der Fachsprache wird diese mit dem Synonym Alice bezeichnet – angewendet hat. Wurde ein bestimmtes Photon rechtwinklig polarisiert, wird nur ein Detektor für rechtwinklige Polarisierung Auskunft darüber geben, ob es sich um eine 1 oder eine 0 handelt. Wird stattdessen ein Diagonaldetektor verwendet, interpretiert man das Photon als \ oder / und ist damit nicht klüger als zuvor.

Was dabei allerdings problematisch ist: Wenn man einzig mit dieser Methode eine Nachricht verschickt, ist die empfangende Person (Synonym: Bob) in genau der gleichen Situation wie eine Person, die unbefugt mithören will (Synonym: Eve). Damit der Photonenstrom beim Empfang

Codeanalyse
Polarisation

Die Person, die eine verschlüsselte Nachricht versenden will – hier Alice genannt –, schickt eine Reihe von Photonen, die Einsen und Nullen repräsentieren und nach dem Zufallsprinzip rechtwinklig oder diagonal polarisiert wurden. Nehmen wir beispielsweise an, Alice würde eine Reihe von sechs Photonen schicken:

Alices Bitfolge	1	0	0	1	1	0
Polarisationsfolge	X	+	X	+	+	X
gesendetes Photon	/	-	\	I	I	\

X = diagonal, + = rechtwinklig

Im nächsten Schritt misst Bob, der Empfänger der Nachricht, die Polarisation der Photonen, die zu ihm gelangt sind. Dazu wechselt er nach dem Zufallsprinzip zwischen rechtwinkligen und diagonalen Polarisationsdetektoren. Demnach passt seine Entscheidung manchmal zu der von Alice und manchmal auch nicht:

Alices Bitfolge	1	0	0	1	1	0
von Bob vermutete Polarisierung	X	X	+	+	X	X
Bobs Messung	/	\	-	I	/	\

Bobs Zufallsentscheidungen für die Detektoren bei drei Photonen – dem ersten, vierten und sechsten – haben das richtige Ergebnis geliefert. Die Schwierigkeit ist nur, dass er nicht weiß, welches die richtigen sind.

Um dieses Problem zu lösen, muss Alice Bob nur sagen, welches Polarisationssystem sie für die einzelnen Photonen benutzt hat – aber ohne zu offenbaren, ob es sich bei dem Bit um eine 0 oder eine 1 gehandelt hat.

Wer bei diesem Gespräch mithört, spielt keine Rolle, denn Alice legt nicht offen, welche Bits sie geschickt hat, sondern nur das verwendete Polarisationssystem. Dann kann Bob sicher sein, dass er für die Photonen Nummer 1, 4 und 6 das richtige Ergebnis hat. Jetzt wissen Bob und Alice sicher, um welche Art Bits es sich handelt, ohne unmittelbar darüber gesprochen zu haben. Sie können also diese drei Photonen – in Wirklichkeit wären es viel mehr – als Schlüssel verwenden, dessen Sicherheit durch die Gesetze der Physik gewährleistet ist.

richtig interpretiert wird, muss man wissen, welches Polarisationsprinzip für die einzelnen Photonen angewendet wurde. Um das Problem zu lösen, entwickelten Brassard und Bennett ein System, in dem der Photonenstrom nicht die Nachricht repräsentiert, sondern nur den Schlüssel. Das Schöne dabei: Wenn Eve versucht, den Austausch unbefugt mitzuhören, ergibt sich durch die Messung der Photonen im falschen System der gleiche Fehler, den auch Bob macht, bevor Alice ihm die richtige Abfolge der Polarisationsmethoden mitgeteilt hat.

Bei der Weitergabe von Quantenschlüsseln kann man sich auch der „Verschränkung“ bedienen, bei der die Eigenschaften zweier Teilchen voneinander abhängig sind. In diesem System, das von dem britischen Wissenschaftler Artur Ekert erdacht wurde, nutzen Alice und Bob Paare verschränkter Photonen als Grundlage für den Schlüssel.

Kommerzielle Versionen dieser Systeme wurden in mehreren Ländern rund um die Welt entwickelt. Auch staatliche Behörden sind beteiligt, darunter die amerikanische Defence Advanced Research Projects Agency (DARPA), die das erste ständig laufende Quantenkryptografienetzwerk außerhalb eines Labors eingerichtet hat und damit mehrere Stationen im Nordosten der USA verbindet, und das europäische Projekt „Secure Communication based on Quantum Cryptography“. Dr. Andrew Shields, Arbeitsgruppenleiter der Quantum Information Group bei Toshiba, erläutert die unübertreffliche Sicherheit des Quantensystems. „Es könnte durchaus sein, dass der Rüstungswettlauf der Kryptografie zu Ende geht“, sagt er. „Solange die Gesetze der Physik gelten, ist das System vollkommen sicher.“

Anfangs waren Entfernungen eine echte Einschränkung für quantenkryptografische Systeme, denn die Übermittlung von Photonen über lange Strecken mit Glasfaserkabeln warf physikalische Probleme auf, doch im Laufe der Zeit wurden die überwindbaren Entfernungen immer größer. Die größte Strecke, über die Quantenschlüssel bis heute übermittelt wurden, liegt nach Berichten bei 421 Kilometern.

Mittlerweile vertreiben mehrere Unternehmen kommerzielle Systeme zur Verteilung von Quantenschlüsseln, und viele weitere betreiben auf dem Gebiet aktive Forschung. In den Vereinigten Staaten, China, Japan und anderen Ländern wurden bereits mehrere Netzwerke für die Verteilung von Quantenschlüsseln aufgebaut.

Angreifbare Quanten

Die Gesetze der Physik gewährleisten zwar die Sicherheit der Schlüssel, die über Quantenkanäle verteilt werden, aber wenn es um die Datensicherheit geht, steht die Kryptografie nur für einen Teil der gesamten Anstrengungen.

Quantenkryptografie schützt nämlich Systeme nicht vor Angriffen auf Soft- oder Hardware und auch nicht vor menschlichem Versagen, durch das Kommunikationssysteme schon immer gefährdet waren. Verräterische Insider:innen beispielsweise lassen sich nur schwer aufhalten. Und Quantenmechanik schützt nicht, wenn man geheime Daten auf einem Speicherstick mit sich herumträgt und diesen auf dem Rücksitz eines Taxis vergisst.

Außerdem müssen quantenkryptografische Systeme in der Praxis auch Teile beinhalten, die nicht mit Quantenmechanik funktionieren, und die muss man auf die übliche Weise schützen. Eine unbefugte Mithörerin, Eve, könnte sich auch in die Glasfaserleitung zwischen Alice und Bob einklinken und ein unerwünschtes Signal schicken, das Teile ihrer technischen Vorrichtungen überlastet oder schädigt. Außerdem, so schrieb der Journalist Gary Stix Anfang 2005 in der Zeitschrift *Scientific American,* könnte die Quantenkryptografie auch für ungewöhnliche Angriffe anfällig sein. „Ein unbefugter Zuhörer könnte den Detektor des Empfängers sabotieren, sodass die von einem Absender empfangenen Qubits in die Glasfaser zurückfließen und abgefangen werden können."

Mit der Technologie haben sich auch die Angriffsmöglichkeiten gegen quantenkryptografische Systeme weiterentwickelt. Forschende aus Norwegen nutzten beispielsweise 2010 eine technologische Schwachstelle in einem solchen System aus und fingen Signale von Alice ab, wobei sie Bob helle Lichtimpulse als Signal schickten. Da die Mithörenden kein quantenmechanisches, sondern ein klassisches Signal schickten, bestand kein Missverhältnis zwischen dem, was Eve und Bob zu lesen bekamen. Etwas anderes gelang chinesischen Forschenden 2018: Sie wiesen nach, dass man in ein Verteilungssystem für Quantenschlüssel einbrechen kann, wenn man einen quantenmechanischen Man-in-the-Middle-Angriff unternimmt, mit dem man Signale abfängt und gefälschte Signale weiterschickt. Wie sich herausstellt, bedeutet „unknackbar" in Theorie und Praxis etwas ganz Verschiedenes.

Geheimnisse im Flügelschlag eines Schmetterlings

Die Quantenkryptografie könnte das Ende des langen Kampfes zwischen Kryptografie und Kryptoanalyse darstellen, aber bis es so weit ist, werden immer noch neue, exotische Wege zur Sicherung der Geheimhaltung erfunden. So kam man auf die Idee, den Schmetterlingseffekt, einen Aspekt

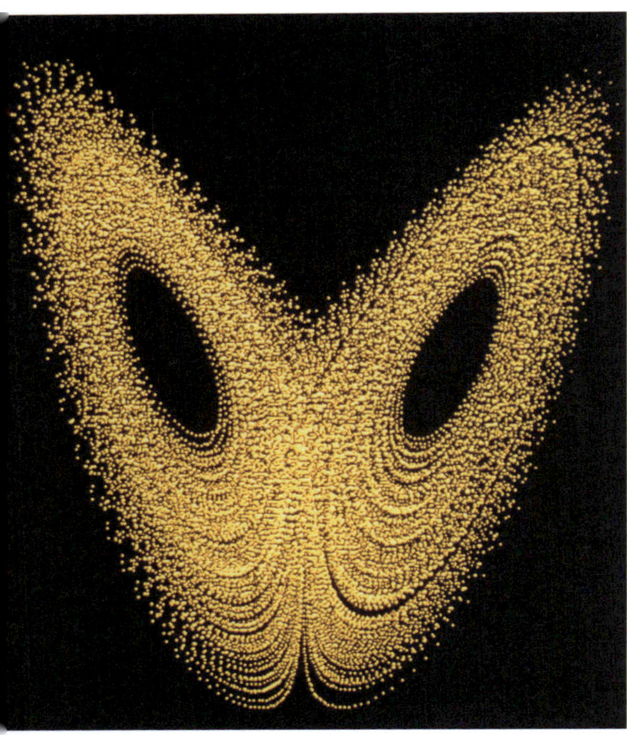

Oben: Der Lorenz-Attraktor ist eine dreidimensicnale, durch Chaosmathematik erzeugte Grafik.

der Chaostheorie, zur Sicherung der Geheimhaltung zu nutzen. Das Phänomen erhielt seinen Namen 1972, als der Wissenschaftler Edward Lorenz einen Vortrag mit einem interessanten Titel hielt: *„Vorhersagbarkeit: Kann der Flügelschlag eines Schmetterlings in Brasilien einen Tornado in Texas auslösen?“*

Lorenz wollte damit deutlich machen, dass kleine Veränderungen in den Ausgangsbedingungen komplizierter Systeme, beispielsweise des Wettergeschehens, auf lange Sicht zu weitaus größeren Effekten führen können. Diese Veränderungen sind so von winzigen Einzelheiten abhängig – beispielsweise von der Luftströmung, die durch den Flügelschlag eines Schmetterlings entsteht –, dass sie sich kaum vorhersagen lassen. Die Auswirkungen solcher winziger Veränderungen mögen zufällig erscheinen, aber dieser Anschein führt in die Irre. Chaotische Systeme wie die Atmosphäre, das Sonnensystem oder Volkswirtschaften weisen bestimmte Muster auf, und die verschiedenen Elemente eines Systems – wie Windgeschwindigkeit und Temperatur – sind in ihren veränderlichen Zuständen wechselseitig voneinander abhängig.

Seit den 1990er-Jahren versuchen Forschende, die Prinzipien der Chaostheorie zur Verbesserung der Kommunikationssicherheit anzuwenden. Dahinter steht der Grundgedanke, dass man eine Nachricht mit einem chaotischen Signal maskieren kann, sodass sie für alle, die das Chaos nicht durchdringen können, unzugänglich bleibt. Damit man die in einem chaotischen Hintergrund vergrabenen Nachrichten zurückgewinnen kann, muss die Empfangsstation sehr gut mit der Sendestation abgestimmt sein.

Im Jahr 2005 schlugen Alan Shore von der Free University in Brüssel und andere in einem Artikel der Fachzeitschrift *Nature* ein Kommunikationssystem vor, das auf der Grundlage solcher Gesetzmäßigkeiten mit zwei Lasern funktionierte. Dabei diente der eine als Sender, der andere als Empfänger.

Das von Lasern produzierte Licht ist unter normalen Umständen alles andere als chaotisch, aber die Forschenden erzeugten Chaos, indem sie das Licht in den Laser selbst zurücklenkten und ihn damit anregten, eine chaotische Mischung verschiedener Frequenzen zu produzieren, die ein wenig dem Rückkopplungsgeräusch eines Lautsprechers ähnelten.

Eine Nachricht, die in dieses chaotische Durcheinander aus Licht eingefügt wird, ist unverständlich, solange sie nicht in einen genau gleichen Laser eingespeist wird, der genauso eingestellt ist und das gleiche Rückkopplungsmuster erzeugt. Damit das funktioniert, müssen die Laser gleichzeitig mit den gleichen Gerätschaften und Komponenten ausgestattet werden.

Warum das so sein muss, können wir uns anhand des Schmetterlingseffekts klarmachen. Damit das chaotische, von den beiden Lasern erzeugte Licht genau gleich ist, muss es aus zwei Systemen hervorgegangen sein, die genau den gleichen Ausgangspunkt haben. Unter diesen Voraussetzungen kommt die Nachricht ans Licht, wenn man das chaotische Rauschen aus der Übertragung subtrahiert.

In ihrem *Nature*-Artikel konnten Shore und seine Kollegen zum ersten Mal nachweisen, dass man gesicherte Nachrichten mit einem solchen System über ein Glasfaserkabel von 120 Kilometern Länge rund um die griechische Hauptstadt Athen übertragen kann; damit eröffnete sich die Möglichkeit, mit den gleichen Mitteln auch telefonische Nachrichten besser zu schützen. Und das war noch nicht alles: Sie erreichten damit sehr hohe Übertragungsgeschwindigkeiten – die lagen in einem Bereich, mit dem sie für Telefonunternehmen nützlich waren. Die Ergebnisse zeigten auch, dass die Technologie den Praxistest besteht.

Um eine Nachricht zu entschlüsseln, die als Paket mit einem chaotischen Trägersignal übermittelt wird, müssten Lauschangriffe die Mittel haben, um einen Teil des chaotischen Lichtes abzuzweigen, und ein Laser müsste genau auf den abgestimmt sein, der zur Erzeugung der Nachricht verwendet wurde.

Die Entwicklung der Chaoskryptografie, wie sie genannt wird, ging eher langsam voran, aber es wurden gewisse Erfolge mit der Verschlüsselung von Bildern oder bildbasierter Steganografie erzielt, indem Nachrichten in digitalen Bildern versteckt wurden.

Eine sichere Bildübertragung über das Internet ist mit den üblichen Online-Verschlüsselungssystemen wie AES schwierig, weil sie eine hohe Rechenleistung erfordert. Die chaosbasierte Verschlüsselung bedient sich einer Methode, um Pixel umkehrbar zu verschieben. Erste Hoffnungen auf sichere Verschlüsselungsmethoden auf der Grundlage der Chaoskryptografie haben sich allerdings bisher nicht verwirklicht.

QUANTENKRYPTOGRAFIE IN EINER SCHALE PRALINEN

Die Grundlagen der Quantenkryptografie mögen auf den ersten Blick kompliziert erscheinen, aber der österreichische Physiker Karl Svozil erklärt mit einer von ihm entwickelten Bühnenshow, wie das System funktioniert. Dazu braucht er zwei Personen, zwei farbige Brillen – eine rote und eine grüne – und eine Schale mit folienumhüllten Schokoladenkugeln.

Die Uraufführung fand im Oktober 2005 an der Technischen Universität in Wien statt. Svozil stellte auf der Bühne eine Schauspielerin und einen Schauspieler auf: Sie spielten die Rollen von Alice (die eine Nachricht verschickt) und Bob (der sie empfängt); außerdem stand dort eine Schale mit Pralinen, die in schwarzer Folie eingewickelt waren.

Auf jeder Praline klebten zwei Aufkleber: Ein roter Aufkleber trug entweder eine 0 und repräsentierte ein horizontal polarisiertes Photon oder eine 1 für ein vertikal polarisiertes Photon; ein grüner Aufkleber mit einer 0 repräsentierte ein rechts diagonal polarisiertes Photon, mit einer 1 stand er für eines, das links polarisiert ist.

Zu Beginn der Show warf Alice eine Münze und entschied so, welche Brille sie aufsetzte. Angenommen, es war die grüne: Diese repräsentiert das Polarisationssystem, mit dem sie ihr Photon abschickt.

Nun nahm Alice eine beliebige Schokoladenkugel aus der Schale – wie gesagt, auf jeder Kugel klebten zwei Etiketten, ein rotes und ein grünes. Mit der grünen Brille konnte sie nur sehen, welche Zahlen auf den roten Aufklebern standen, aber nicht die auf den grünen. Sie schrieb auf eine Wandtafel, welche Farbe ihre Brille hatte und welche Zahl sie auf der Schokolade sehen konnte. Jemand aus dem Publikum übernahm dann die Rolle des Photons und brachte die Schokoladenkugel von Alice zu Bob.

Jetzt warf Bob eine Münze und wählte so eine Brille. Angenommen, er bekam die rote. Jetzt warf er einen Blick auf die Kugel und notierte sich, welche Zahl er sah und welche Brille er verwendet hatte. Wenn seine Brille die gleiche Farbe hatte wie die von Alice, konnte er die gleiche Zahl sehen.

Nachdem Bob die Praline erhalten hatte, teilte er Alice mit einer roten oder grünen Fahne mit, welche Brille er benutzt hatte. Alice ließ ihn umgekehrt mit einer Fahne wissen, welche Farbe ihre Brille hatte. Die beiden teilten sich gegenseitig nie mit, welches Symbol auf der Schokoladenkugel stand. Stimmte die Farbe der Fahnen überein, behielten sie die Zahl bei, ansonsten löschten sie den Eintrag.

Da Bob nur dann seine Zahlen aufschrieb, wenn er die gleiche Brille benutzt hatte wie Alice, hatten beide nach mehrmaliger Wiederholung der ganzen Prozedur die gleiche Folge von Nullen und Einsen aufgeschrieben. Sie verglichen nur einige davon, um sich zu vergewissern, dass niemand mitgehört hatte, und wenn sie feststellten, dass alles in Ordnung war, hatten sie einen vollkommen sicheren Zufallsschlüssel, den sie für eine Fülle kryptografischer Anwendungen nutzen konnten.

Oben: Bob entscheidet sich für die grüne Brille und kann deshalb nur die roten Etiketten sehen. Mit seiner Fahne teilt er Alice mit, dass er eine grüne Brille trägt. Alice sieht nur die grünen Aufkleber, denn sie hat die rote Brille gewählt. Mit ihrer Fahne signalisiert sie, dass ihre Brille rot ist; da die beiden unterschiedlich gefärbte Brillen tragen, streichen sie ihre Zahlen. Stimmt die Farbe der Fahnen (und Brillen) dagegen überein, behalten sie die Zahlen bei.

BITCOIN • DIGITAL • DECENTRALIZED • PEER TO PEER
MJB MONETARY METALS
1 TROY OZ 999 FINE COPPER

Kapitel 7

Ausblick

Im großen Konflikt des Digitalzeitalters um die widerstreitenden Pole Überwachung und Privatsphäre ist die Kryptografie wichtiger als je zuvor.
Edward Snowden · Secure Hash Algorithm · Bitcoin

Welchen Stellenwert hat die Verschlüsselung in der modernen Welt? Was bedeutet Privatsphäre eigentlich noch, wenn buchstäblich Milliarden Weltbürger:innen regelmäßig Social Media nutzen? Wenn Unternehmen unsere Bewegungen online verfolgen und uns gezielte Werbung zuspielen? Und wenn Abermillionen Überwachungskameras im öffentlichen Raum unsere alltäglichen Bewegungen beobachten? Vielleicht ist es an der Zeit, uns ernsthaft mit der Notwendigkeit zu beschäftigen, nicht nur unsere Nachrichten zu schützen, sondern unser ganzes Ich, und das sowohl in der physischen als auch in der virtuellen Welt.

Vor 400 Jahren konnten die Spione der Königin Elisabeth politische Gegner einfach überwachen, indem sie Briefe abfingen – man stelle sich nur vor, welche Erkenntnisse sie aus Standortdaten von Telefonen, Browserchroniken, Einkaufsgewohnheiten und anderem hätten gewinnen können. Man fragt sich, welche Geheimnisse überhaupt noch übrig sind, die man verschlüsseln müsste.

Diese Frage stellte sicherlich auch Scott McNealy, CEO von Sun Microsystems, bei einer Veranstaltung des Unternehmens im Jahr 1999. „Sie haben ohnehin null Privatsphäre", sagte er zu Reporter:innen. „Finden Sie sich damit ab."

McNealys Diagnose der Schwierigkeiten, die Privatsphäre zu bewahren, dürften zwar nur die wenigsten widersprechen, aber seine Ansicht, wir sollten es einfach akzeptieren, trifft auf großen Widerspruch. Und

Gegenüber: Eine grafische Darstellung der virtuellen Währung Bitcoin

Oben: Bruce Schneier auf einer „Hacktivity"-Konferenz in Budapest

nicht zu vergessen: Der Kampf zwischen Verschlüsselung und Kryptoanalyse war immerhin der Ausgangspunkt einiger der größten Entwicklungen im 21. Jahrhundert.

Zu den bekanntesten Beobachtern dieses Kampfes gehört der amerikanische Kryptograf Bruce Schneier. Mit dem üppigen grauen Bart, dem Pferdeschwanz und einer Vorliebe für geblümte Hemden könnte man ihn fälschlich für einen gealterten Rocker halten. In Wirklichkeit ist er aber einer der wortgewaltigsten Fürsprecher der Informationssicherheit im Internetzeitalter.

Schneier ist Sonderberater in der Sicherheitsabteilung von IBM und Fellow an der Kennedy School der Harvard University. Unser Zeitalter beschreibt er als „goldene Ära der Überwachung".

Wie nie zuvor sind wir der Überwachung durch Unternehmen und Regierungen ausgesetzt; beide, so sagt er, haben einen unersättlichen Appetit auf unsere Daten, entweder weil sie Geld mit personalisierter Werbung verdienen wollen oder weil sie sich damit rechtfertigen, sie wollten uns vor Terror, Verbrechen, Drogenkriminalität und anderem schützen.

Aber die Überwachung hat einen hohen Preis. Nach Schneiers Ansicht gehören dazu die Gefahren von Diskriminierung, Kontrolle, Abschreckwirkungen bei der Ausübung der Meinungsfreiheit, Missbrauch und der Verlust von Freiheit.

In diesem Zusammenhang kann man die Verschlüsselung als unentbehrliches Hilfsmittel zum Schutz der Freiheit betrachten. „Ganz einfach: Verschlüsselung gibt Sicherheit", schrieb Schneier 2016 in einem Artikel. Sie hält nicht nur Bankdaten, Telefongespräche und Daten geheim, sondern erlaubt es beispielsweise Dissidentinnen auch, ihre Identität zu verbergen, gewährleistet, dass Journalisten gefahrlos mit ihren Quellen kommunizieren können, schützt die Arbeit der Nichtregierungsorganisationen in Unterdrückerstaaten und unterstützt die Vertraulichkeit zwischen Anwältin und Mandant.

Zum Glück für uns alle stehen leistungsfähige, de facto nicht zu brechende Verschlüsselungstechniken all denen zur Verfügung, die schlau genug sind, sie anzuwenden. Unter anderem haben wir uns in den letzten zehn Jahren alle daran gewöhnt, uns auf Nachrichten-Apps zu verlassen. Facebook führte 2008 seinen Chat ein, der mittlerweile zu Messenger geworden ist. Zu Spitzenzeiten im Jahr 2020 hatte Messenger mehr als 1,3 Milliarden Nutzer:innen. Noch mehr sind es bei WhatsApp, das 2009 gestartet wurde und mittlerweile ebenfalls zu Facebook (heute Meta Platforms Inc.) gehört.

WhatsApp gab 2016 bekannt, man habe die sogenannte Ende-zu-Ende-Verschlüsselung eingeführt, die gewährleistet, „dass nur du und die Person, mit der du kommunizierst, lesen bzw. anhören könnt, was gesendet wurde – und niemand dazwischen, nicht einmal WhatsApp".

Die Verschlüsselung von WhatsApp basiert auf der Elliptische-Kurven-Kryptografie. Es handelt sich um ein asymmetrisches System, das aber nicht die gängige Methode zur Primzahlenfaktorierung nutzt, sondern eine andere mathematische Fragestellung, deren Grundlage die algebraische Struktur elliptischer Kurven ist.

Apples iMessage und Snapchat bieten ebenfalls Ende-zu-Ende-Verschlüsselung an, Meta hat angekündigt, die standardmäßige Ende-zu-Ende-Verschlüsselung bis 2023 auf alle seine Messaging-Dienste auszuweiten.

Die verbreitete Verwendung der Messenger-Apps war für den früheren britischen Premierminister David Cameron und viele andere Politiker:innen der Anlass, ein Verbot solcher Verschlüsselungsverfahren zu fordern, weil sie auch von Terrorgruppen und Cyberkriminellen verwendet werden.

Wem gehört das Internet?

Die Bedrohung durch Terrorismus und gesetzwidrige Machenschaften hat viel mehr ausgelöst als nur die Forderung, die Ende-zu-Ende-Verschlüsselung der Messenger-Apps zu verbieten.

Ende Mai 2013 enthüllte Edward Snowden, ein ehemaliger Angestellter der CIA, eine Riesenmenge geheimer Informationen und legte damit unter anderem offen, welche zentrale Bedeutung Verschlüsselungen und Bestrebungen, diese zu umgehen oder zu knacken, in der Welt der heutigen Sicherheitsbehörden haben.

LITTLE BROTHER

Alle, die sich näher mit dem ständigen Kampf zwischen Überwachung und Kryptografie im 21. Jahrhundert beschäftigen möchten, sei der aufschlussreiche Roman *Little Brother* empfohlen, den der Autor und Internetaktivist Cory Doctorow nach den Londoner Terroranschlägen im Juli 2005 schrieb – damals kamen 52 Menschen durch Bomben ums Leben, die in Zügen und einem Bus explodierten.

Im Mittelpunkt der Geschichte steht der computerversessene Oberschüler Marcus Yallow, der mit einer Kombination aus Hackertalent und Frechheit den hinterhältigen Überwachungssystemen an seiner Schule entgeht, die seine Aktivitäten überwachen sollen. Nach einem Terroranschlag in San Francisco werden Marcus und seine Clique in die Ereignisse verwickelt und müssen auf die gleiche Kombination aus technischen Fähigkeiten und Dreistigkeit zurückgreifen, um den Polizeistaat, der sich im Anschluss entwickelt, niederzuringen.

Doctorows Buch ist nicht nur unterhaltsam, sondern es macht gerade junge Leser und Leserinnen mit Tools und Ideen vertraut, die ihnen helfen können, sich selbst Gedanken zu machen und aktiv zu werden. Wenn Doctorow beispielsweise schildert, wie Marcus und seine Freunde sich aus der Schule schleichen, um ein Alternate Reality Game (ARG) zu spielen, bringt er unter anderem den „Zwiebelbrowser" TOR ins Gespräch, ein System, das verschlüsselten Internetverkehr im sogenannten Onion-Routing über eine Reihe von Routern leitet und so Standort und Nutzungsgewohnheiten von Nutzer:innen verschleiert und vor möglicher Überwachung schützt.

Als Marcus und seine Mitstreiter:innen sich später in die offene Feldschlacht mit dem Heimatschutzministerium begeben, erfährt die Leserschaft viel über die Grundlagen der Kryptografie auf der Basis der Primzahlfaktorisierung, die Enigma-Chiffre, asymmetrische Verschlüsselung und viele andere entscheidende Konzepte.

Irgendwann erkennt eine Gruppe junger Leute unter Führung von Marcus, dass sie die Privatsphäre in ihrer Kommunikation noch besser absichern müssen, und so entschließen sie sich, ein Vertrauensnetzwerk (Web of Trust, WOT) aufzubauen. In einem solchen System verfügt jede Person über zwei kryptografische Schlüssel: Einer ist öffentlich und wird offen weitergegeben, einen anderen behält man für sich. Die privaten Schlüssel jeder beteiligten Person können dazu dienen, die mit dem öffentlichen Schlüssel verschlüsselte Information zu entschlüsseln.

Das Vertrauensnetz ist eigentlich eine Gruppe von Personen, die jeweils die öffentlichen Schlüssel der anderen kennen. Will jemand eine Nachricht verschicken, wird sie mit dem öffentlichen Schlüssel der empfangenden Person verschlüsselt, aber nur diese kann sie mit ihrem privaten Schlüssel wieder lesbar machen.

Beim Verschicken wird die Nachricht zudem mit dem privaten Schlüssel der sendenden Person digital signiert. Um festzustellen, dass die Nachricht tatsächlich von dieser Person kommt, muss diese bei Empfang mit deren öffentlichem Schlüssel verifiziert werden.

Wie Marcus in dem Buch erklärt, ist ein solches Vertrauensnetz „eine nahezu idiotensiche-

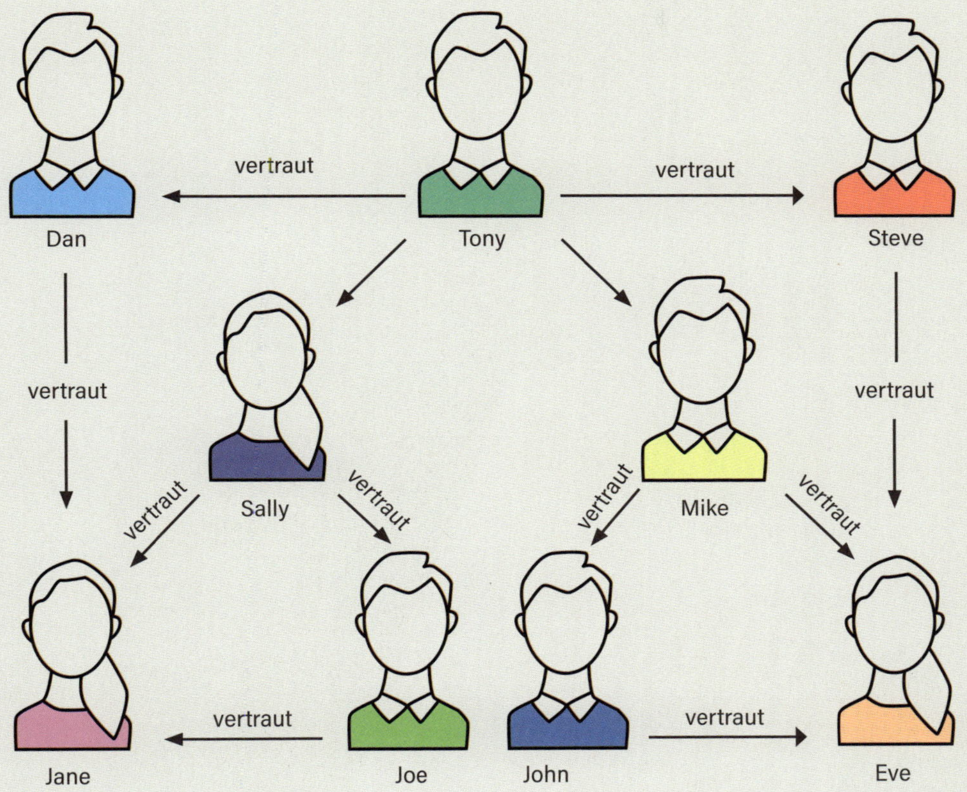

Oben: In diesem Vertrauensnetz (Web of Trust) kann Tony automatisch den Schlüsseln von Jane, Joe, John und Eve vertrauen, obwohl er sie nicht persönlich kennt. Solche Modelle dienen in der Kryptografie zum Aufbau dezentraler Sicherheitssysteme, in denen die Beteiligten für die Identität der Mitglieder einstehen und bestätigen, dass ihr Schlüssel vertrauenswürdig ist.

re Methode, mit den Menschen zu sprechen, denen man vertraut, ohne dass jemand anderes mithören kann". Dabei stellt sich nur ein Problem: „Es setzt voraus, dass man sich für den Anfang mindestens einmal mit den Menschen aus dem Netzwerk physisch getroffen hat."

Für Markus und seine Clique liegt die Lösung darin, dass sie eine Strandparty mit einem Kreis vertrauenswürdiger Personen veranstalten, in der Bier und der nächtliche Ozean mit einem selbst gebauten und auf dem Felsen zertrümmerten Laptop und einer beginnenden Liebesbeziehung zusammenfließen. Solche Szenen brachten *Little Brother* eine ganze Reihe von Preisen und Empfehlungen ein und machen das Buch zu einer unwiderstehlichen Lektüre.

Oben: Demonstrierende in Washington protestieren 2013 gegen die staatliche Überwachung; auf dem Transparent wird Edward Snowden gepriesen.

Nachdem der Cyberspace immer mehr in den Mittelpunkt unseres Lebens und der staatlichen Infrastruktur gerückt ist, wurde er auch zu einem Schlachtfeld: Sicherheitsbehörden verwenden enorme Ressourcen darauf, Informationen online zu sammeln und die Fähigkeit zu offensiven Cyberkampagnen zu erlangen. Aber die Methoden, mit denen sie ihre Bürger:innen schützen wollen, geben auch den Anlass zu Kontroversen und einem tiefen Unbehagen im Zusammenhang mit der Frage, ob die Systeme grundsätzlich die Privatsphäre einfacher Bürger:innen bedrohen.

Die von Snowden geleakten Dokumente verraten viel über die Überwachungsaktivitäten der amerikanischen National Security Agency und der Geheimdienstbehörden Australiens, Kanadas und Großbritanniens. So zeigten sie beispielsweise, dass das britische GCHQ an einem riesigen System zum Ausspähen der Internetkommunikation beteiligt war. Dieses System, Tempora genannt, umfasste unter anderem ein Programm namens Mastering The Internet (MTI), mit dem Kabel, die den Internetverkehr über das GCHQ-Zentrum in Cornwall im Südwesten Großbritanniens leiteten, angezapft wurden. Nach einer Schätzung der Sendung *BBC Horizon* aus dem Jahr 2014 laufen schätzungsweise 25 Prozent des weltweiten Internetverkehrs über Cornwall. Als Reaktion auf die Enthüllungen gab das GCHQ folgende Erklärung ab:

> *„Es gehört zu unseren größten Herausforderungen, angesichts des Wachstums der internetbasierten Kommunikation und Voice-over-Internet-Telefonie unsere Fähigkeiten aufrechtzuerhalten. Wir müssen ständig neu investieren, um mit den Methoden Schritt zu halten, die von jenen benutzt werden, die Großbritannien und seine Interessen bedrohen. Genau wie unsere Vorgänger von Bletchley Park, die den Gebrauch der ersten Computer beherrschten, so müssen wir auch heute in Partnerschaft mit der Industrie den Gebrauch der Internettechnik und die Fähigkeiten beherrschen, die uns in die Lage versetzen, den Bedrohungen einen Schritt voraus zu sein. Darum geht es bei der Beherrschung des Internets."*

Die wenigen Details, die im Zusammenhang mit MTI ans Licht kamen, scheinen darauf hinzudeuten, dass man sich nicht auf den Inhalt der eigentlichen Nachrichten konzentriert, sondern auf die Metadaten, Informationen über Zeitpunkt und Absender:in. Wenn die Verschlüsselung der Nachrichten selbst nicht gebrochen werden kann, dann, so die Annahme, könnten sich stattdessen auch Informationen über Netzwerke zwischen Menschen als nützlich erweisen.

Andere Enthüllungen legen die Vermutung nahe, dass die Sicherheitsbehörden der Vereinigten Staaten und Großbritanniens auch daran arbeiten, die Verschlüsselung als solche zu knacken. In einem der ersten Artikel über die Snowden-Dateien schrieben der Journalist Glenn Greenwald und seine Kolleg:innen, es sei den britischen und amerikanischen Geheimdienstorganisationen „gelungen, einen großen Teil der Online-Verschlüsselung zu knacken, auf die sich Abermillionen Menschen verlassen, um ihre privaten, persönlichen Daten, Online-Transaktionen und E-Mails zu schützen".

Die Journalist:innen berichteten über eine ganze „Batterie von Methoden", mit denen die Behörden gegen die online weitverbreiteten Formen der Verschlüsselung ankämpfen: Sie brechen die Verschlüsselung mit Supercomputern und Brute-Force-Angriffen oder arbeiten mit Technologieunternehmen und Internetprovidern zusammen, damit diese in ihre kommerzielle Verschlüsselungssoftware „Hintertüren" einbauen, die einen geheimen Zugang ermöglichen.

In seinem Buch *Data und Goliath* formuliert Schneier es so: „Bekannt ist allerdings, dass das Bullrun-Programm der USA, mit dem die Internetkryptografie untergraben werden soll, ebenso wie das entsprechende GCHQ-Programm Edgehill bei einem Großteil der im Internet üblichen Sicherheitseinrichtungen erfolgreich war" (*Data und Goliath,* üb. v. C. van den Block; München: Redline 2015, S. 101). Die beiden Programme, die nach Schlachten des amerikanischen und englischen Bürgerkrieges benannt sind, waren unter anderem Inhalt der von Snowden geleakten NSA-Dokumente und wurden vom *Guardian* veröffentlicht. Die Systeme umfassen angeblich mehrere Quellen höchst sensibler Informationen (beispielsweise Wanzen, die in auf dem Versandweg abgefangene elektronische Geräte eingebaut wurden), Beziehungen zur Industrie und höhere Mathematik.

In ihren Einzelheiten bleiben solche Aktivitäten natürlich zum größten Teil vor der Öffentlichkeit verborgen. Aber schon das Wenige, was enthüllt wurde, entfachte erhebliche Kontroversen und Ängste. Zumindest zeigt es wieder einmal, welche zentrale Stellung die Kryptografie in unserem digitalen Zeitalter einnimmt und wie wichtig es für alle Bürger:innen ist, informiert zu sein und die eigenen Daten zu schützen.

DAS KOMPLEXE MATHEMATISCHE VERFAHREN, MIT DEM CODEBRECHER:INNEN GROSSE ZAHLEN FAKTORISIEREN

Nach der von Messengerdiensten wie WhatsApp genutzten Methode der elliptischen Kurven werden Zahlen von bis zu 25 Stellen Länge faktorisiert. In der Mathematik spricht man von elliptischen Kurven, wenn man sie durch die folgende Gleichung wiedergeben kann:

$$y^2 = x^3 + ax + b$$

Faktoren findet man, indem man Punkte auf diesen Kurven nutzt und dann die mathematische Methode der Gruppentheorie anwendet. Für Zahlen mit mehr als 50 Stellen verwendet man zwei Methoden: das Quadratische Sieb und das Zahlkörpersieb. Bei der Methode des Quadratischen Siebes findet man die sogenannte Legendre-Kongruenz, das heißt zwei Zahlen x und y, welche die folgende Gleichung erfüllen:

$$x^2 = y^2 \bmod n$$

Dabei bedeutet mod$n$, dass wir eine modulare Arithmetik mit dem Modulus n verwenden. Was bedeutet das? Angenommen, wir arbeiten mit modulo 12; wenn dann $x = 12$ und $y = 24$ ist, ist die Gleichung erfüllt. Dann kann man die Gleichung auch wie folgt schreiben:

$$x^2 - y^2 = 0 \bmod n$$

Mit Algebra können wir die linke Seite der Gleichung auch anders schreiben:

$$(x+y)\times(x-y) = 0 \bmod n$$

Wer es nicht glaubt, kann es mit $x = 3$ und $y = 2$ probieren. Dann erhält man $x^2 = 9$ und $y^2 = 4$, sodass $x^2 - y^2 = 5$. $(x+y) = 5$ und $(x-y) = 1$, und beide multipliziert ergeben wiederum 5.

Die umgeschriebene Gleichung besagt, dass es unter den möglichen Werten für x und y auch solche gibt, für die $(x+y)$ und $(x-y)$ in der modularen Arithmetik mit Modulus n den Wert 0 ergeben, wenn man sie miteinander multipliziert. Mit anderen Worten: Es kann zwei Zahlen geben, die miteinander multipliziert die Zahl n ergeben; man kann also auch sagen: $(x+y)$ und $(x-y)$ sind Faktoren von n – und genau dieses Problem wollten wir lösen.

In einem trivialen Beispiel ist $n = 35$, $x = 6$ und $y = 1$. Dann erhält man:

$$x^2 = 36$$
$$y^2 = 1$$
$$x^2 - y^2 = 35$$

In der Arithmetik mit modulo 35 kann man die 35 als 0mod35 schreiben, das passt also zur Gleichung. Anschließend berechnen wir $x+y$ und erhalten 7 und $x-y$ und erhalten 5. Die beiden Zahlen sind tatsächlich Faktoren von 35, was wir überprüfen können, indem wir sie multiplizieren.

Wenn wir also die Zahl n faktorisieren wollen, können wir mit diesem Verfahren nach möglichen Faktoren suchen, dies dauert allerdings etwas länger als in unserem trivialen Beispiel. Für kryptologisch interessierte Mathematiker:innen liegt der Nervenkitzel in der Möglichkeit, dass jemand auf eine viel einfachere Methode zum Auffinden von Faktoren stößt. Wenn das geschieht, wird man viele heute gebräuchliche Verschlüsselungsverfahren aufgeben müssen, weil sie zu einfach zu knacken sind.

SECURE HASH ALGORITHM

Der Begriff Secure Hash Algorithm (sicherer Hash-Algorithmus) bezeichnet eine Familie von Verschlüsselungsverfahren, die zur Erstellung und Verifikation digitaler Signaturen verwendet werden. Sie dienen nicht zur Verschlüsselung von Nachrichten, sondern zur Bestätigung von Authentizität und sind der grundlegende Sicherheitsstandard von Internet-Sicherheitsprotokollen wie TLS und SSL. Häufig werden sie zur Bestätigung von Internet-Passwörtern verwendet.

Der SHA-Standard wurde 1993 eingeführt und ist ein Beispiel für eine kryptografische Hash-Funktion mit dem charakteristischen Merkmal, dass Texte unterschiedlicher Länge zu einem sogenannten „Digest", einem Nachrichten-Extrakt in Form einer Zeichenkette mit Standardlänge, kondensiert werden.

Die Sicherheit von SHA basiert auf der Annahme, dass es selbst computergestützt nicht praktikabel ist, aus einem solchen Nachrichten-Extrakt die zugrunde liegende Nachricht zu rekonstruieren, oder zwei Nachrichten zu finden die den gleichen „Message Digest" liefern – was man Kollision nennt. Schon kleine Veränderungen im Ausgangstext führen zu beträchtlichen Unterschieden in den Digests.

Die Anwendung kryptografischer Hash-Verfahren wie SHA kann man sich ungefähr folgendermaßen vorstellen: Alice und Bob wollen sich über eine Tatsache verständigen oder etwas digital unterschreiben, um es beweiskräftig zu dokumentieren. Alice wählt dafür ein schwieriges mathematisches Problem, das sie gelöst hat. Sie „zerhackt" diese Lösung, und es entsteht ein Hash-Wert. Anschließend gibt Alice das mathematische Problem an Bob weiter. Der löst es ebenfalls und stellt einen Hash seiner Lösung her. Sind die beiden Hash-Werte gleich, kann er sicher sein, dass auch Alice das Problem geknackt hat.

Die Spezifikation für SHA wurde ursprünglich 1993 unter dem Namen Secure Hash Standard veröffentlicht, aber kurz danach auf Geheiß der amerikanischen National Security Agency zurückgezogen, weil ein Konstruktionsfehler die Sicherheit beeinträchtigte. An seine Stelle trat 1995 ein neuer, verbesserter Standard namens SHA-1, und deshalb bezeichnete man den ursprünglichen Secure Hash Standard im Nachhinein als SHA-0. Die von SHA-1 erzeugten Message Digests sind 160 Bits lang. Es gibt eine unendliche Zahl möglicher Nachrichten, aber nur eine begrenzte Zahl möglicher Message Digests; die Chance, zwei Nachrichten zu finden, die den gleichen Auszug entstehen lassen, liegt bei 1 zu 2^{80}. 2005 gab eine Gruppe chinesischer Kryptoanalytiker:innen bekannt, man habe eine Methode zum Entschlüsseln von SHA-1 gefunden, die beträchtlich schneller war als der Brute-Force-Angriff, und man könne damit eine mögliche Kollision schneller als durch 2^{69} Angriffe finden. Das ist zwar immer noch eine sehr große Zahl, und das Verfahren praktisch anzuwenden, war zu teuer, es reichte aber aus, um für SHA-1 das Totenglöcklein zu läuten. In den letzten Jahren sind neuere Gruppen von Hash-Funktionen an seine Stelle getreten. Mittlerweile sind SHA-2 und SHA-3 im Einsatz, die mit anders strukturierten Funktionen auf der Grundlage von Hash-Algorithmen arbeiten und bevorzugt Digests mit 256 und 512 Bits erzeugen.

Oben: Die National Security Agency in Fort Meade in Maryland

Rechts oben: In einer Bitcoin-„Mine" bei Kongyuxiang in der chinesischen Provinz Sichuan

Rechts unten: Eine Bitcoin-„Schürfmaschine" wird repariert. Die Einrichtung wird in China von Bitmain Technologies Ltd. betrieben, einem der weltweit führenden Hersteller von Maschinen für diesen Zweck.

Bitcoin und andere Kryptowährungen

Die rätselhafte Gestalt, die unter dem Namen Satoshi Nakamoto bekannt ist, erschien in der Geschichte der Kryptologie erstmals im Herbst 2008 auf der Bildfläche. Damals tauchte ein Dokument, das seinen Namen trug, in einer Online-Mailingliste für Kryptografie auf. Er beschrieb darin eine neuartige Währung namens Bitcoin.

Aber wer verbarg sich hinter dem Namen? Das wusste niemand genau, allerdings gab es zahlreiche Theorien (siehe S. 182–183). Das Dokument verfolgte ein eindeutiges Ziel: Der Bitcoin sollte zu einem neuen System des Online-Handels werden, das vollkommen ohne Banken auskam.

Statt elektronische Zahlungen über Finanzinstitute abzuwickeln, sollten die Menschen ihre Transaktionen mit dem neuen System unmittelbar miteinander, ohne vermittelnde Dritte abwickeln können.

Kryptografisches Kernstück des Bitcoin-Systems ist das Hashing, ein Programmierkonzept, das es erlaubt, Daten jeder beliebigen Größe in Daten mit einer festgelegten Größe umzuwandeln. Satoshi definierte eine *coin* (engl. für Münze) als eine Reihe digitaler Signaturen, die aus dem Eigentum einer Person in das einer anderen übertragen werden können, indem man einen Hash der vorherigen Transaktion und den öffentlichen Schlüssel der nächsten Eigentümer:in digital signiert und diese an das Ende der „Münze" anhängt. Die Transaktionen werden dann in der Blockchain aufgezeichnet, die aus Blöcken von Datensätzen besteht, einer Art Kassenbuch, das über viele Computer verteilt ist, damit die Aufzeichnungen nicht im Nachhinein verändert werden können.

Nakamoto kam auf die Idee, dass Nutzer:innen, die er *Miner* (Minenarbeiter) nannte, die Blockchain kollektiv aufrechterhalten. Anders als die Veröffentlichung *Quartz* es 2013 formulierte, graben die Bitcoin-Miner:innen sich nicht durch die „höhlenartigen Tiefen des Internets auf der Suche nach digitalem Erz, das sie zu Bitcoin-Münzen prägen können". Beim Bitcoin-Schürfen setzt man vielmehr die Rechenleistung von Computern ein und lässt eine besondere Software laufen, die eigentlich nach einer Lösung für ein mathematisches Rätsel sucht, dessen Schwierigkeitsgrad vorgegeben ist. Genauer gesagt, muss man eine sogenannte Nonce (number used once) finden, eine Zahl, die zusammen mit dem Inhalt des Blocks einen Hashwert liefert, der unter dem Schwellenwert des Schwierigkeitsziels des Netzwerks liegt.

Wird eine solche Lösung gefunden, kann diese zusammen mit anderen Informationen in einen Block verpackt und so im Netzwerk verbreitet werden. Will jemand Bitcoins an jemand anderes schicken, wird die

Transaktion validiert, indem man das „Kassenbuch" überprüft und so gewährleistet, dass eine Absender:in das Geld tatsächlich besitzt. Dies wird als „Proof of Work" bezeichnet – sie ist für jeden Computer im Netzwerk leicht zu verifizieren, aber sie zu erzeugen, ist zeitaufwendig.

Der Schwierigkeitsgrad – auch Mining Difficulty genannt – wird dabei im Laufe der Zeit angepasst. Damit soll sichergestellt werden, dass die Zeit zwischen der Erzeugung neuer Blöcke mit durchschnittlich zehn Minuten je Block konstant bleibt. Auf diese Weise passt sich das System automatisch an die Gesamtmenge der Schürfleistung im Netzwerk an.

Die Miner:innen stehen in einem Wettlauf, wer als Erster eine neue Gruppe von Transaktionen bestätigen kann und die notwendigen Berechnungen abschließt, um die Transaktionen dem Kontobuch hinzuzufügen. Alle zehn Minuten wird ein Miner oder eine Minerin mit einem „aus dem Nichts heraus erschaffenen" Bitcoin belohnt. Zu Beginn bestand die Belohnung aus 50 Bitcoin, aber alle vier Jahre wird der Betrag ungefähr halbiert, und Mitte des 21. Jahrhunderts wird der letzte Bitcoin aller Zeiten produziert; diese Bestimmung bedeutet, dass es nie mehr als 21 Millionen Bitcoin geben wird.

Im Januar 2009 hatte Nakamoto den Bitcoin von einer faszinierenden Theorie zur revolutionären Praxis gemacht, die erforderliche Software zur Handhabung der Währung implementiert und den ersten Block von 50 Bitcoin geschürft.

Ein in diesen „Genesisblock" eingebettetes kurzes Stück Text spielte darauf an, was für eine umwälzende Weltanschauung hinter der Kryptowährung steckte. Der Text zitierte eine Schlagzeile in der *Times* vom 3. Januar 2009: *„Chancellor on brink of second bailout for banks."* (Britischer Finanzminister kurz vor zweitem Rettungspaket für Banken.) Zu jener Zeit hatte die Welt sich noch nicht von der globalen Finanzkrise der Jahre 2007–2008 erholt, aber die Anspielung ging weit über eine einfache Bestätigung des Datums hinaus und war ein spitzer Kommentar zum Versagen des Finanzsystems.

Ein weiterer Hinweis auf die philosophischen Wurzeln des Bitcoin war die Person, die von Nakamoto am 12. Januar die erste Bitcoin-Transaktion erhielt: Der kalifornische Informatiker Hal Finney war in Fachkreisen berühmt, weil er 2004 das erste wiederverwendbare System für den Proof of Work geschaffen hatte. Finney gehörte zu den Programmierrebellen, die als Cypherpunks bekannt waren – Männer und Frauen, die sich dafür einsetzten, Kryptografie und andere technische Mittel zu nutzen, um die individuelle digitale Privatsphäre vor staatlicher Überwachung und

Informationskontrolle durch die Wirtschaft zu schützen.

Die Cypherpunk-Bewegung hatte sich Anfang der 1990er-Jahre in der Bay Area rund um San Francisco zusammengefunden; die kleine Gruppe wurde von Eric Hughes, Timothy C. May und John Gilmore gegründet. Sie trafen sich mit anderen ähnlich denkenden Menschen bei Cygnus Solutions, Gilmores Unternehmen im Silicon Valley, und diskutierten über eine Zukunft, „in der Schnüffeltools in Werkzeuge zum Schutz der Privatsphäre verwandelt werden", wie der Autor Steven Levy es 1993 formulierte. Die Bezeichnung „Cypherpunks" erhielt die Gruppe der Technologierebellen von Jude Milhon, einer Aktivistin, Hackerin und Autorin aus der Bay Area, die besser als St. Jude bekannt war. Die Weltanschauung der Gruppe fasste Hughes in einem 1993 veröffentlichten Manifest zusammen:

Oben: Julian Assange auf der Titelseite des Magazins *TIME*. Er ist der vielleicht bekannteste Cypherpunk, Gründer der Plattform Wikileaks und Autor des Buches *Cypherpunks: Unsere Freiheit und die Zukunft des Internets.*

> *„Privatsphäre ist für eine offene Gesellschaft im elektronischen Zeitalter notwendig … Wir können nicht erwarten, dass Regierungen, Unternehmen oder andere große, gesichtslose Organisationen unsere Privatsphäre gewährleisten … Wenn wir Privatsphäre haben wollen, müssen wir sie selbst verteidigen … Cypherpunks schreiben Code. Wir wissen, dass jemand Software schreiben muss, um die Privatsphäre zu verteidigen, und … wir werden sie schreiben."*

Cypherpunks wie Hughes und Nakamoto erkannten die Notwendigkeit, sich die kryptologischen Waffen, die von Regierungen und Unternehmen regelmäßig angewandt werden, anzueignen und zur Stärkung des Individuums zu nutzen.

Welche Philosophie auch hinter dem Bitcoin stehen mochte, in der Realität setzte sich die Idee schnell durch. Ein Jahr nachdem Nakamoto den Open-Source-Code implementiert hatte, vollzog der Programmierer Laszlo Hanyecz die erste kommerzielle Transaktion mit der Kryptowährung: Er zahlte 10 000 Bitcoin für zwei Pizzas.

Bis 2010 hatte Nakamoto rund eine Million Bitcoin geschürft, dann aber übergab er die Leitung des Systems dem Programmierer Gavin Andresen und verschwand von der Bildfläche. Zu dieser Zeit nahm das Bitcoin-Phänomen gerade Fahrt auf. Einige seiner ersten Anwendungsbereiche fand der Bitcoin in den düsteren Ecken des Internets. Dort akzeptierten Darknet-Märkte wie *Silk Road*, die vor allem als Handelsplattformen für Drogen bekannt wurden, Bitcoin als Zahlungsmittel.

In den folgenden Jahren, als die Bekanntheit des Bitcoin wuchs, schwankte sein Kurs sehr stark: Der Preis lag Anfang 2011 bei 0,30 US-Dollar pro Bitcoin, war im Juni desselben Jahres bis auf 30 Dollar gestiegen und bewegte sich in der Folge drastisch auf und ab. Am 12. November 2021 erreichte er ein Allzeithoch von 68 789 Dollar, bevor er ein Jahr später auf ein Fünftel dieses Wertes fiel.

Gleichzeitig erforderte das Schürfen immer mehr Rechenleistung. Anfangs reichte der Prozessor eines Heimcomputers aus, doch bald waren leistungsfähigere Grafikprozessoren nötig. Schließlich brauchte man riesige Farmen von Prozessoren, die auf der ganzen Welt ausschließlich dem Schürfen von Bitcoin dienten. Im Jahr 2023 wird das Bitcoin-Mining schätzungsweise 122 Terawattstunden Strom verbrauchen, was etwa

Unten: Der Wert des Bitcoin schwankt ungeheuer stark. Beispielsweise schoss sein Preis im Juli 2011 innerhalb von fünf Tagen um 900 % in die Höhe. Nachdem Elon Musk im Mai 2021 auf Twitter verkündete, dass Tesla keine Bitcoins mehr akzeptieren würde, fiel der Wert innerhalb weniger Tage um mehr als die Hälfte.

0,5 % des weltweiten Gesamtenergieverbrauchs entspricht. Damit wird für das Bitcoin-Mining mehr Energie benötigt als die Niederlande im Jahr verbrauchen.

Weitere Probleme von Kryptowährungen sind der fehlende Verbraucherschutz bei Betrug und die Möglichkeit, dass Miner:innen durch Zerstörung der physischen Medien, auf denen die Kryptowährungen aufbewahrt werden, aber auch durch Malware und andere Formen des Datenverlustes ihre Schlüssel verlieren könnten.

Diese Probleme haben die Ausbreitung von Bitcoin und anderen Kryptowährungen jedoch nicht aufgehalten. Laut CoinMarketCap gibt es neben Bitcoin inzwischen mehr als 9000 aktiv gehandelte Kryptowährungen. Dazu gehören auch andere beliebte Kryptowährungen wie Ethereum, Tether und Dogecoin. Dogecoin ist ein Beispiel für einen sogenannten Meme-Coin, der ursprünglich geschaffen wurde, um die wilden Spekulationen an den Märkten auf die Schippe zu nehmen. Einige der Tausende von Kryptowährungen werden mit dem abwertenden Begriff „Shitcoin“ bezeichnet. Dabei handelt es sich um Währungen, die keinen eindeutigen Wert haben und die möglicherweise als Teil eines Anlagebetrugs geschaffen wurden und auf weniger erfahrene Anleger:innen abzielen.

Gemäß CoinMarketCap lag Anfang 2018 die gesamte Marktkapitalisierung der weltweiten Kryptowährungen bei mehr als 750 Milliarden Dollar. Im November 2021 erreichte sie einen bisherigen Höchststand von 2,9 Billionen Dollar.

Der Kryptowährungsboom hat unter anderem auch zum Handel von Tokens geführt. Dabei handelt es sich um Vermögenswerte, die digital über die Blockchain-Technologie organisiert sind. Dazu gehören auch NFTs (non-fungible tokens = nicht austauschbare Tokens): digitale Repräsentanten bzw. Echtheitszertifikate, die innerhalb der Blockchain einen festen Wert darstellen und weder kopiert noch ersetzt werden können. Sie repräsentieren das Eigentum an einem digitalen Vermögenswert wie beispielsweise einem Bild, einer Audioaufnahme oder dem Original eines beliebten Videos.

WER IST SATOSHI NAKAMOTO?

Zehn Jahre nachdem „er“ die Gründungsdokumente für den Bitcoin verfasste, ist die Identität von Satoshi Nakamoto immer noch ungeklärt. Handelt es sich um eine einzelne, hochintelligente Person oder um eine gemeinsam tätige Gruppe? Ist es eine bekannte Gestalt aus der Kryptoszene, die sich hinter einem unbekannten Namen versteckt, oder jemand aus einem ganz anderen Fachgebiet?

Wer auch immer den Code für den Bitcoin geschrieben hat, er oder sie verfügt über eine seltene Kombination von Eigenschaften. „Er ist ein Weltklasseprogrammierer mit weitreichenden Kenntnissen der Programmiersprache C++“, sagte der Internet-Sicherheitsexperte Dan Kaminsky 2011 zu einem Reporter. „Er versteht etwas von Wirtschaft, Kryptografie und Peer-to-Peer-Netzwerken. Entweder handelt es sich um ein Team, das gemeinsam daran gearbeitet hat, oder der Typ ist ein Genie.“

Es ist kein Wunder, dass Spekulationen über Nakamotos wahre Identität zu einer Art Forschungsprojekt der Kryptoszene wurde. Aber nicht einmal die Grundlagen konnte man klären. In einem Online-Profil wird Nakamoto als Mann aufgeführt, der Mitte der 1970er-Jahre geboren wurde und in Japan lebt, aber dies scheint aufgrund verschiedener Anhaltspunkte unwahrscheinlich zu sein.

Journalistinnen und Journalisten haben jahrelang nach Nakamoto gesucht, aber ihre Bemühungen waren bisher vergeblich. Viele Spekulationen rankten sich um Hal Finney, der ersten Person, die nach dem rätselhaften Nakamoto die Bitcoin-Software benutzte. Aber Finney, der 2014 starb, stritt nachdrücklich ab, in Wirklichkeit Nakamoto zu sein. Gewicht bekommt sein Dementi durch den Inhalt der E-Mails, die zwischen den beiden in der Anfangszeit der Bitcoin-Entwicklung hin und her gingen.

Faszinierend ist, dass Finney in der Nähe eines Mannes wohnte, der mit echtem Namen Dorian Prentice Satoshi Nakamoto hieß. Der japanisch-amerikanische Computer- und Systemingenieur arbeitete an geheimen Verteidigungsprojekten und für Unternehmen aus der Finanzinformationsbranche.

Eine Quelle aus der Kryptoszene sagte dem Forbes-Reporter Andy Greenberg: „Wie groß ist die Wahrscheinlichkeit in einem riesigen Land wie dem unseren oder auch nur in Kalifornien oder im Großraum von Los Angeles, dass sowohl er [Dorian Satoshi Nakamoto] als auch Hal Finney zur gleichen Zeit rund zweieinhalb Kilometer voneinander entfernt in Temple City gewohnt haben?“ Finney stritt ab, den „echten“ Nakamoto gekannt zu haben, und als man diesen zur Rede stellte, dementierte er auch selbst jede Beteiligung am Bitcoin.

Ein weiterer beliebter Kandidat für Satoshi ist Nick Szabo, ein unauffälliger Informatiker aus dem Silicon Valley, der ein Konzept namens *bit gold* entwickelte, das allgemein als unmittelbarer Vorläufer des Bitcoin gilt.

Im Jahr 2014 behauptete der Finanzautor Dominic Frisby, es gebe genügend Belege und er sei „ziemlich sicher“, dass Szabo identisch mit Satoshi sei. In einem Gespräch mit dem staatlichen russischen Sender RT sagte er: „Ich bin zu dem Schluss gelangt, dass es auf der ganzen Welt nur eine Person gibt, die über die nötige

Oben: Craig Steven Wright, Dorian Prentice Satoshi Nakamoto, Nick Szabo und Hal Finney

Wissenstiefe und auch über das Spezialwissen verfügt, und das ist dieser Kerl ..."

Wie andere, so stritt auch Szabo ab, Satoshi zu sein. In einer E-Mail an Frisby schrieb er: „Danke, dass Sie mich darüber in Kenntnis gesetzt haben. Ich fürchte, Sie haben mich fälschlicherweise im Netz als Satoshi geoutet, aber das bin ich gewohnt."

Trotz dieses und anderer Dementis ist Szabo, was die Identität von Satoshi angeht, für viele Menschen nach wie vor die erste Wahl. „Ich habe zum ersten Mal vor sechs Jahren von Szabo gehört, als ich für die Technologie-Website Gigaom über Bitcoin-Konferenzen berichtet habe", schrieb Jeff John Roberts 2018 in *Fortune*. „Damals wie heute zögern Krypto-Insider, öffentlich zu behaupten, dass Szabo Satoshi ist, aber in privaten Gesprächen haben mir einige von ihnen anvertraut, dass Szabo ihrer Überzeugung nach den Bitcoin geschaffen hat."

Nur ein Einziger hat selbst behauptet, er sei in Wirklichkeit Nakamoto: der australische Informatiker Craig Steven Wright. Das Technologiemagazin *Wired* schrieb 2015 in einem Artikel, Wright sei vermutlich Nakamoto, aber in einem späteren Update wurden Widersprüche in den Belegen skizziert. Im April 2019 hatte das Magazin den Bericht um eine Anmerkung der Redaktion ergänzt. Darin hieß es: „Dieser Artikel wurde aktualisiert, um Wrights Behauptungen aufzuklären, und die Überschrift wurde geändert, weil wir klarmachen wollen, dass *Wired* Wright nicht mehr für den Schöpfer des Bitcoin hält."

Im Jahr 2019 meldete Wright ein US-Copyright für das Bitcoin-Weißbuch und den Code für Bitcoin 0.1 an. Ein Vertreter von Wrights Unternehmen nChain sagte der *Financial Times*, im Rahmen der Patentanmeldung sei zum ersten Mal von einer staatlichen Behörde anerkannt worden, dass es sich bei Wright um Satoshi handelt, aber das Patentamt selbst gab der Sache einen anderen Dreh und stellte fest, es stelle keine Ermittlungen über den Wahrheitsgehalt von Behauptungen an, die im Rahmen von Copyrightansprüchen erhoben würden. „In Fällen, in denen ein Werk unter einem Pseudonym registriert wird, ermittelt das Copyright Office nicht, ob ein nachweisbarer Zusammenhang zwischen dem Anspruchsteller und dem Autor mit dem Pseudonym besteht", erklärte die Behörde.

Eine Zukunft ohne Verschlüsselung?

Werden Verschlüsselungsmethoden immer mehr an Bedeutung verlieren, weil Unternehmen zunehmend Zugriff auf unsere Online-Daten haben? Wie können wir unsere Privatsphäre zurückgewinnen?

Sollen wir uns Sorgen darüber machen, ob Behörden wie NSA, GCHQ und ihre Pendants in anderen Teilen der Welt wissen, wie sie die asymmetrische Verschlüsselung und andere kryptografische Methoden knacken können? Solche Institutionen verfügen sicher über gewaltige Rechenleistungen und können sie sicherlich einsetzen, um eine Verschlüsselung mit kurzem Schlüssel zu brechen. Das schaffen aber auch alle, deren Prozessor nur lange genug läuft.

Haben diese Behörden einen Weg gefunden, um große Primzahlen zu faktorisieren? Das ist möglich, aber unwahrscheinlich. Eines aber haben sie: Zugriff auf die Hintertüren vieler beliebter Cloud-Dienste. Erinnern wir uns noch an das peinliche Bild, das wir damals bei einem Online-Fotoservice gespeichert hatten? Angenommen, es ergibt sich eine Situation, in der sie herausfinden wollen, welche Nachrichten wir gesendet haben: Können wir davon ausgehen, dass sie nicht darauf zugreifen und es nicht zur Erpressung nutzen? Ebenso lassen sich Sprachassistenten und Smartphones bekanntermaßen mit speziellen Tools in Lauschvorrichtungen verwandeln. Wer braucht da noch eine Verschlüsselung zu knacken?

Wir verzichten in zunehmendem Maß auf unsere Privatsphäre. Spätestens seit dem Skandal um Cambridge Analytica und durch den Aufschwung der zielgerichteten, personalisierten Werbung im Netz wissen wir nur allzu gut, was wir Google, Amazon, Facebook (heute Meta Platforms Inc.), Apple (GAFA bzw. GAMA) und ihresgleichen alles anvertrauen, wenn wir etwas posten oder eine Suchmaschine im Internet nutzen. Die große Frage lautet: Sind unsere persönlichen Vorlieben und Abneigungen so stark mit dem Netz verflochten, dass wir sie nicht mehr davon trennen können? Haben

Oben: Die Logos von Google, Amazon, Facebook und Apple (GAFA)

wir den Schlüssel zu unserem eigenen Ich weggegeben, bevor uns überhaupt klar war, was da geschieht? Ist nichts mehr übrig, was irgendjemand noch enthüllen müsste?

Vielleicht spielt es keine Rolle mehr, ob wir mit Ende-zu-Ende-Verschlüsselung kommunizieren, weil die genannten Unternehmen ohnehin praktisch alles über uns wissen. Das führt zwar dazu, dass wir uns unter anderem mit aufdringlicher Werbung herumschlagen müssen, es bedeutet aber auch, dass man Menschen mit finsteren Absichten herauspicken kann, insbesondere wenn noch ein Hauch von künstlicher Intelligenz in die Datenmischung einfließt.

Eine Ahnung von der Zukunft gab uns vielleicht Sir Tim Berners-Lee, der Erfinder des World Wide Web: Er gab 2018 in seinem Artikel *„One Small Step for the Web…“* auf www.medium.com die Gründung von *Solid* bekannt, einer neuen Initiative zum Schutz privater Daten. Diese überträgt die Kontrolle der Daten von Unternehmen auf die individuelle Person und schafft die Möglichkeit, dass wir den Zugriff auf unsere persönlichen Daten und alles, was wir im Netz posten, selbst unter Kontrolle behalten.

Berners-Lee schrieb dazu: „Ich habe immer geglaubt, dass das Netz für alle da ist. Deshalb kämpfen ich und andere so energisch dafür, es zu schützen. Die Veränderungen, die wir zuwege gebracht haben, haben eine bessere und stärker vernetzte Welt geschaffen. Aber bei allem Guten, was wir erreicht haben, hat sich das Netz auch in einen Motor der Ungleichheit und Spaltung verwandelt, und angetrieben wird er von mächtigen Kräften, die es für ihre eigenen Ziele benutzen. Ich glaube, dass wir heute einen entscheidenden Kipppunkt erreicht haben und dass eine kraftvolle Veränderung zum Besseren möglich und auch notwendig ist.“

GLOSSAR

Algorithmus: In der Kryptografie ein allgemeines System von Regeln, mit denen eine Nachricht verschlüsselt wird. Die Einzelheiten der jeweiligen Verschlüsselung werden durch den Schlüssel festgelegt.

Asymmetrische Verschlüsselung (Public-Key-Verschlüsselung): Form der Verschlüsselung mit zwei Schlüsseln: Die Nachricht wird mit einem öffentlichen Schlüssel verschlüsselt und mit dem privaten Schlüssel entschlüsselt.

Autokey-Chiffre: Eine Chiffre, bei der die Klartextnachricht in den Schlüssel aufgenommen wird.

Bit: Einheit der binären Information; Kurzform von „binary digit".

Bitcoin: Die am weitesten verbreitete Kryptowährung.

Bombe: Von Alan Turing während der Zweiten Weltkrieges konstruierte Maschine zum Entschlüsseln der Einstellungen der deutschen Enigma-Maschine.

Caesar-Chiffre: Chiffre, in der jeder Buchstabe einer Nachricht durch einen anderen ersetzt wird, der im Alphabet um eine bestimmte Anzahl von Stellen verschoben ist.

Chiffre: Methode zur Verschleierung der Bedeutung einer Nachricht, indem die Buchstaben des Klartextes durch andere Buchstaben ersetzt werden. Anders als bei einem Code wird dabei die Bedeutung der ursprünglichen Wörter nicht berücksichtigt.

Chiffretext: Text, der sich ergibt, wenn man eine Chiffre auf eine vorgegebene Nachricht anwendet.

Code: Methode um den Inhalt einer Nachricht zu verschleiern, indem Wörter oder Phrasen des Ausgangstextes nach einer vorgegebenen Liste durch andere Wörter, Phrasen oder Symbole ersetzt werden.

Dechiffrierung: Rücküberführung einer chiffrierten Nachricht in ihre ursprüngliche Form.

Digrafische Substitution: Substitution, bei der Buchstaben nicht einzeln, sondern in Zweiergruppen ersetzt werden.

Faktorisierung: Suche nach ganzen Zahlen, durch die sich eine vorgegebene Zahl ohne Rest teilen lässt.

GAFA: Abkürzung für die vier Technologiekonzerne Google, Amazon, Facebook und Apple.

Häufigkeitsanalyse: Vergleich der Häufigkeit, mit der bestimmte Buchstaben in einem Chiffretext vorkommen, mit den Buchstabenhäufigkeiten in der normalen Sprache.

Hashing: Programmierfunktion, mit der sich Daten beliebiger Größe in Daten mit festgelegter Größe umwandeln lassen.

Homofone: Mehrfache Substitution, mit der ein einzelner Buchstabe in einer Chiffre ersetzt werden kann. Wenn beispielsweise der Buchstabe „a" durch mehrere Buchstaben oder Zahlen wiedergegeben wird, bezeichnet man diese als Homofone.

Klartext: Text einer Nachricht vor der Umwandlung in eine geheime Form.

Kryptoanalyse: Die Wissenschaft, aus einem Chiffretext den Klartext abzuleiten, ohne dass man weiß, wie er im Einzelnen verschlüsselt wurde.

Kryptowährung: Digitales Zahlungsmittel, das von Zentralbanken unabhängig ist und Kryptografie nutzt, um Zahlungen abzuwickeln.

Kryptografie: Die Wissenschaft der Verschlüsselung von Nachrichten.

Morsecode: System aus langen und kurzen Impulsen, mit dem Buchstaben codiert werden, sodass man sie über große Entfernungen übermitteln kann.

Nomenklator: System – zum Teil Code, zum Teil Chiffre – mit einer Liste von Namen, Wörtern und Silben (Code) und einem zusätzlichen Chiffrealphabet.

Polarisation: Vollständige oder partielle Einschränkung der Schwingungsrichtung einer Welle.

Polyalphabetische Substitution: Erzeugung einer Chiffre unter Verwendung mehrerer Ersatzalphabete.

Polybios-Quadrat: Chiffre, bei der das Alphabet in einem Quadrat angeordnet wird. Jeder Buchstabe der Nachricht wird dann mit einer Zahl chiffriert, die der Stellung des Buchstabens im Quadrat entspricht.

Pretty Good Privacy (PGP): Computeralgorithmus zur Verschlüsselung.

Quantencomputer: Computer, der die quantenmechanische Natur von Teilchen nutzt und Informationen als Quantenbits (Qubits) verarbeitet.

Qubit: Während ein herkömmliches Bit zu jedem Zeitpunkt entweder den Wert 0 oder den Wert 1 hat, kann ein Qubit beide Werte gleichzeitig annehmen.

Quantenkryptografie: Kryptografisches System, das mittels quantenmechanischer Eigenschaften gewährleistet, dass Lauschangriffe erkannt werden.

Quantenmechanik: Teilgebiet der Physik, das Verhalten und Materie subatomarer Teilchen beschreibt. Während die klassische Mechanik sich mit dem Maßstab der Atome und Elektronen beschäftigt, in dem jedes Objekt sich zu einem bestimmten Zeitpunkt an einem bestimmten Ort befindet, sind quantenmechanische Objekte ständig in Bewegung und lassen sich nicht genau lokalisieren.

RSA: Asymmetrisches Verschlüsselungsverfahren, benannt nach seinen Entwicklern Ronald Rivest, Adi Shamir und Leonard Adelman. Seine Sicherheit resultiert aus der Tatsache, dass es schwierig ist, durch Berechnungen die zwei Primzahlfaktoren einer bestimmten Zahl zu finden.

Schlüssel: Anweisungen, nach denen eine Nachricht verschlüsselt wird, beispielsweise die Anordnung der Buchstaben in einem Chiffrealphabet.

Secure Hash Algorithm (SHA): Gruppe von Verschlüsselungsverfahren, bei denen Texte unterschiedlicher Länge zu einem Nachrichtenauszug von Standardlänge kondensiert werden.

Steganografie: Die Wissenschaft von Methoden, um nicht nur den Inhalt einer Nachricht, sondern ihre Existenz als solche zu verschleiern.

Substitutionschiffre: System, in dem jeder Buchstabe einer Nachricht gegen ein anderes Symbol ausgetauscht wird.

Transpositionschiffre: System, in dem die Buchstaben einer Nachricht umgeordnet werden, aber ihre Identität behalten.

Verschlüsselung: Oberbegriff für Codierung – Umwandlung einer Nachricht in einen Code – und Chiffrierung – Umwandlung einer Nachricht in eine Chiffre.

REGISTER

Kursive Seitenzahlen verweisen auf Abbildungen.

ÜBER DIE AUTOREN

Stephen Pincock ist ein preisgekrönter Wissenschaftsjournalist und Redakteur bei *Springer Nature*. Er hat zahlreiche Artikel über die Geschichte und Entwicklung der Kryptologie und anderen Technologien geschrieben und ist der Autor verschiedener Sachbücher.

Mark Frary ist ein Wissenschaftsautor, dessen Artikel unter anderem in *The Times* veröffentlicht wurden. Bevor er mit dem Schreiben begann, studierte er Astrophysik und erforschte die Ursprünge des Universums am CERN in Genf. Sein lebenslanges Interesse gilt jedoch der Kryptografie, insbesondere den Anwendungen der Quantenkryptografie.